U0449303

Last Words on Life, Love, War, and God

[美]

威尔·杜兰特

著

刘勇军

译

落

叶

威尔·杜兰特的生命沉思

重庆出版集团 重庆出版社

Will Durant

Fallen Leaves

序　言

Foreword

约翰·利特尔
John Little

威尔·杜兰特基金会的创始人和董事。他也是作家、纪录片制片人，李小龙的好友，世界上研究李小龙的权威。

我正在特别创作一本名为《落叶》的书，我把自己对我们这个时代的不同作家和各种问题的感受都写进了这本书里。

——威尔·杜兰特（1968年1月，电视采访）

杜兰特正在创作新书《落叶》，"这是一本不太严肃的书，是我对政府、生命、死亡与信仰的思索"。

——《圣彼得堡时报》（1975年11月5日）

杜兰特博士在策划创作一本书，暂定名为《落叶》。"我觉得，在阿里尔的帮助下，我简单、公正但并不完美地回答了所有重要问题。"

——《B.B.H.独立报》（1975年11月6日）

杜兰特正在利用欧洲假期，完成"一本关于万事万物零散思绪的小书"。只要有时间，他就在黄色便签纸上奋笔疾书，并且计划在下个月回家和妻子一起接受联合荣誉学位之前完成这本书。"我想快点完成这本书，"杜兰特说，"我的精力大不如以前了。"

——《洛杉矶时报》（1978年5月26日）

就是这样。有这么一本书，包括杜兰特的后人在内，没人知道它的存在。而这本书仅在上面这四段极其简短的陈述中出现过。除非你当时碰巧住在洛杉矶，并且在1968年看到了上面提到的电视采访，在20世纪70年代中后期看到了上述三篇报纸文章中的两篇，否则你根本不知道威尔·杜兰特曾潜心创作了这样一本书。这确实让人很沮丧。

这本书被认为是杜兰特最重要的作品，是他倾注六十余年时间研究哲学、宗教、艺术、科学和文化的智慧结晶。《落叶》里充满智慧精华和经过深思熟虑的结论，其内容关乎人类的永恒问题和最大乐趣，而创作之人不仅一直在解读生活，还亲身经历了一些世界上最令人难以忘怀和最具灾难性的时刻，包括两次世界大战、经济大萧条、无政府主义的兴起和宗教信仰的式微，以及从维多利亚时代到伍德斯托克音乐节期间美国社会道德的演变。杜兰特生于1885年，当时城镇之间的主要交通方式是马车；卒于1981年，距离人类第一次在月球表面行走已经过了十二年。他目睹了如此多的大变化：人类行为周期多么有趣啊，却往往可以预测！当然，这种模式，特别是在人类历史的背景下看待时，是值得为后代的利益和教育而分享的。举例来说，达尔文和科学把上帝从天堂的宝座上推了下来，在上帝的地盘只放入了让－保罗·萨特 (Jean-Paul Sartre) 这样的存在主义者的悲观焦虑，在这之后，宗教信仰该何去何从？我们本性中的哪些因素致使战争和冲突不可避免？生命、爱和幸福更深层的含义是什么？艺术的目的何在？科学的目的又何在？什么样的教育方式才是最好的——是什么让男人 (至少是一个男人) 喜欢女人？对于这些问题，唯有杜兰特这样大师级的思想家和作家方能给出答案。这些真知灼见，对于那些正在寻找生活意义或是向学识渊博的朋友寻求指点的人来说，犹如迷雾中的明灯。但这些手稿却莫名其妙地"失踪"了。

在负责把杜兰特档案馆迁入我的家乡加拿大安大略省的工作之后，我才知道了这份手稿的存在。之后，为了寻找手稿，我整理了几个月的剪报、旧文章、信件、录音、腐朽的电影胶片、杂志文章和模糊不清的札记，这些都是《文明的故事》(*The Story of Civilization*)某些卷册的素材。在这个过程中，自然有很多惊喜，而最主要的是发现了杜兰特博士的手稿［《历史中的英雄》(*Heroes of History*)］，以及他和他妻子阿里尔为该书制作的录音（手稿和录音都是在他九十三岁高龄时完成的）。显然，在此期间杜兰特依然在创作《落叶》。可在碰巧发现了上述令人着迷的零星证据之后，就什么也没有了。甚至没有一个纸片上有这样的标题，根本没有证据显示曾经有过这样一份手稿。在他去世后不久，手稿馆就从杜兰特档案馆里挑选了一些档案，所以一定还有我从未看过的东西。我联系了他的孙女莫妮卡·米赫尔(Monica Mihell)，想和那些档案馆取得联系，以便看一看他们馆藏的杜兰特文稿。这些档案馆有些很合作，有些则没有回信。

后来，我偶然发现了一家档案馆，他们表示曾把收藏的杜兰特手稿影印件寄给了杜兰特档案馆，里面包括杜兰特和阿里尔的通信，以及一份名为《落叶》的手稿！于是我和莫妮卡开始对杜兰特档案馆进行大搜索，还尝试请那家档案馆再提供一份副本，或者至少联系一下拥有这一宝藏的人，但全都无功而返。那家档案馆表示，在购买到那些影印件后不久，他们就把这些影印件寄给了杜兰特档案馆，并没有留底。

后来莫妮卡卖掉了她的房子。在打包的时候，她发现了一个写有"杜兰特影印件"几个字的盒子，果不其然，里面不仅有杜兰特和阿里尔的两千一百多封通信 [这些信件本身就很有趣，而且大部分都具有出版价值；事实上，杜兰特夫妇的一些信件已经收录在他们1977年出版的《夫妻合传》（A Dual Autobiography）一书中]，还有《落叶》手稿！失而复得的珍品，可以广为人知了。结果就有了现在你捧在手里的这本书——威尔·杜兰特最后一部未曾出版的作品。

《落叶》或许是杜兰特最私人的一本书，书中阐述了他对生命、政治、宗教和社会等重大问题的个人观点（而非政治家及著名哲学家的看法）。至少从某方面来说，这本书堪称一部理想的佳作，毕竟谁不希望从比我们更有智慧的人那里获得忠告呢？若要就迫切关注的问题和社会议题向人请教，不就是要找这样一个人：不仅活得足够久，经历过各种艰难困苦，以精通各种文化、文明而闻名于世，他还曾数次周游世界，以更好地了解人类的行为方式？在《落叶》中，杜兰特的文字中蕴含的见地一如既往，富有洞察力和启示性；读来乐趣无穷（他的散文向来如此），大部分哲学家都乐于发表晦涩难懂的见解，与他们相比，杜兰特的深刻见解和建议不仅实用，而且通俗易懂。

《落叶》的各个章节均有杜兰特博士亲手标注的日期，这有些不同寻常，通过这些日期可以得知，他是从1967年3月20日开始创作这本书的，大约是在《历史的教训》(The Lessons of History) 出版的前一年。而且，正如杜兰特在20世纪70年代末接受报纸采访时提到的那样，他似乎已经为《落叶》花费了十多年时间。

对杜兰特来说，他的作品是表达他对社

会、宗教和政治问题看法的一种方式（为此，他重温并修订了他早期和某些不知名的有关特定主题的作品，从而为其他主题创造出了全新的素材），他将这种表达方式延伸到对20世纪现代文学和哲学的研究中。当他在没有阿里尔的陪伴下发表这样的声明时，他甚至完成了《解读生活：当代文学概论》（*Interpretations of Life: A Survey of Contemporary Literature*）第二部分的一个章节，很显然，当时他觉得没有阿里尔的参与，很不自在。所以，他让她参与了创作，这使得《解读生活》的第二部分变得详尽而有分量，所以最终汇集成书，并于1970年以《解读生活》为名出版。这是一种明智的做法，因为从一个人对生活的审视和诠释，到对另外二十六位小说家、诗人和哲学家的不同书籍、艺术和哲学的见解，这是一个相当大的飞跃。《解读生活》出版后，杜兰特继续创作《落叶》，一直到去世（1981年11月7日）为止。

杜兰特的人生最后几年格外多产，他不仅持续创作《落叶》，还抽时间完成了《英雄的历史》，他还亲自为此书录制了配音，而此书也是他最后一部寓历史于哲学的杜兰特用《落叶》一书作为回应，表达了他对这些宽泛主题的见解。

作品。然而，《落叶》一直是他的特别计划。他按照公众和出版商的期待，在《文明的故事》中书写历史，这样的写作客观要求杜兰特压抑他自己的思想和信念，以便公平对待其他人的思想。长久以来，他必须对重要事物保持沉默。杜兰特就这样坚持了四十多年，这本身就是一个奇迹。正如他在"前言"中所写，多年以来他一直收到"好奇的读者来信，叫我谈谈有关人类生命和命运这些永恒问题的看法"。杜兰特用《落叶》一书作为回应，表达了他对这些宽泛主题的见解，包括性、战争、人生不同阶段、思想和灵魂，以及种族主义、当时正在进行的越战、福利国家、艺术与科学的问题及荣耀等重大社会问题。

一些评论家或许会批评杜兰特在《落叶》中偶尔提及的关于女性的家长式论调。然而，我们要明白，杜兰特没有超越他的时代，并且坚定地书写那个时代，他的所有作品皆是如此。事实上，恰恰是因为这一点，他在《落叶》中提出的观点才能如此有共鸣。那些都是一个浸润千年历史的人被公认的智慧，而且他始终认为他不过是历史中的一粒尘埃（正如他曾经说过的，"一滴水正试图分析大海"）。正如人们肯定能从关于越南的那一章里，推断出对有关国家权力、意识形态和帝国野心的历史洞察（这些见解更为宽泛，却有些理想主义），读者肯定也能在所有章节里看到不断出现的自由主义——一种对自由和平等的基本信仰，包括二者的传播方式。我相信，这样的感悟可以让读者充分享受这些章节中的全部智慧，而不会只被某个语句或段落所吸引。正如杜兰特和阿里尔在他们的作品中描述历史人物的方法一样，杜兰特本人也从语境中获益良多。

《落叶》就是杜兰特曾经"遗失"的最后手稿，里面包含针对人类社会的坚定主张、优美散文和深刻见解，这些都是在对不同文化、艺术、科学和人类历史的长期研究中产生的——唯有杜兰特能写出这样的文章。在普利策奖得主作家杜兰特逝世三十多年后，他的最后一部手稿竟然被找到了，这无疑是一个重大的文学事件。无论是对历史和哲学的爱好者来说，还是对那些喜欢迷人散文的人而言，《落叶》都值得等待。

前　言

PREFACE

威尔·杜兰特
Will Durant

愈成长，愈虚荣。这就是我，一个年近九十五岁的老人。到了这个年纪，我本应对沉默的艺术了如指掌，本应清醒自明，知道每个有学识的读者都已听过了各种各样的见解和与之对立的观点。然而，我还是怀揣一颗忐忑之心，准备不计后果地告诉这个世界，或告诉亿万分之一的世界，我对万事万物的思考。这种做法格外荒谬可笑，毕竟到了我这个年纪，年轻时的做事方法或观点早已根深蒂固，几乎无法真正理解这个制造困扰的百变世界，而且还往往会从往事中寻找慰藉，或向家里寻求安全感。

那么，我为什么还要写？好奇的读者来信，叫我谈谈对人类生命和命运这些永恒问题的看法，而这只是一个虚荣的借口。可事实上，撇开所有写作中的孤芳自赏，我之所以会写，主要是因为我发现自己对于其他事情只有三分钟热度。我准备以非正式的方式，摒弃晦涩难懂的文字，在这个一只脚已跨进坟墓的年纪讲述我对那些终极谜题的感受。其实，在很多年前，我就曾不顾一切生命是一条由看不见的源头淌出的河，奥妙无穷；生命是「由众多彩色玻璃组成的穹顶」，想来太复杂，说来太浅显。

地在《哲学与社会问题》(*Philosophy and the Social Problem*, 1917)、《哲学的故事》(*The Story of Philosophy*, 1926)、《转变》(*Transition*, 1927)、《哲学的宫殿》(*The Mansions of Philosophy*, 1929)和《论生命的意义》(*On the Meaning of Life*, 1932)中阐述过这些问题。我知道，生命本身就是一个谜。生命是一条由看不见的源头淌出的河，奥妙无穷；生命是"由众多彩色玻璃组成的穹顶"，想来太复杂，说来太浅显。

然而，对和而不同的渴望是我永恒的动力。唯愿可以讲述出恢宏的经验和历史，用过往闪烁的光亮凸显未来，从混乱的感觉和欲望中发现意义，发现生命洪流的方向，从而多多少少控制这条洪流，这种永不满足且形而上学的欲望是我们这些问题人类的优秀品质之一。我们所了解的超出了我们的能力，也可以说，我们的能力胜于我们所了解的。

从贸然来到这个世界开始，到生命的车轮兜了个圈儿回到死亡为止，纵使徒劳，我们也要尝试了解整个人类。当我们从少年、青年、壮年步入老年，在经历人生的每一个年龄段期间，让我们正视哲学在形而上学、道德、政治、宗教和艺术等方面的重大问题，并且让我们把渺小的步伐协调起来，环绕我们这个充满智慧的星球。这会使我们不可避免地受到肤浅、陈词滥调和错误的影响，但这或许可以让我们更接近我们复杂人生的价值和意义，更接近真理的全貌。

请不要企盼这里有任何新的哲学体系，亦不要期待任何惊天动地的思考。这不是来自哲人的神圣启示，而是一部人类的谦卑自白。书中的文章都很简短，其唯一的自豪之处是其主题，而非深度和长度。如果你在这里发现了任何新颖的东西，那纯属偶然，或许还会令人遗憾。知识会增加，然而，智慧即便可以随年龄的增长而增进，却不能代代相传。我无法指导所罗门 (智慧之王)。

所以，勇敢的读者，我要警告你们：阅读本书，请自担风险。可你的陪伴会带给我温暖。

目录
CONTENTS

第一章

生命开始

CHAPTER ONE

Our Life Begins

24

第二章

论青春

CHAPTER TWO

On Youth

28

第三章

论中年

CHAPTER THREE

On Middle Age

36

第四章

论老年

CHAPTER FOUR

On Old Age

43

第五章

论死亡

CHAPTER FIVE

On Death

47

第六章

论灵魂

CHAPTER SIX

Our Souls

51

第七章

论神明

CHAPTER SEVEN

Our Gods

60

第八章

论宗教

CHAPTER EIGHT

On Religion

68

第九章

论基督再临

CHAPTER NINE

**On a Different
Second Advent**

76

第十章

论宗教和道德

CHAPTER TEN

**On Religion
and Morals**

84

第十一章

论道德

CHAPTER ELEVEN

On Morality

94

第十二章

论种族

CHAPTER TWELVE

On Race

104

第十三章

论女性

CHAPTER THIRTEEN

On Women

111

第十四章

论性

CHAPTER FOURTEEN

On Sex

118

第十五章

论战争

CHAPTER FIFTEEN

On War

123

第十六章

论越南

CHAPTER SIXTEEN

On Vietnam

136

第十七章

论政治

CHAPTER SEVENTEEN

On Politics

146

第十八章

论社会形态

CHAPTER EIGHTEEN

**On Capitalism
and Communism**

156

第十九章

论艺术

CHAPTER NINETEEN

On Art

166

第二十章

论科学

CHAPTER TWENTY

On Science

176

第二十一章

论教育

CHAPTER TWENTY-ONE

On Education

183

第二十二章

论历史的洞见

CHAPTER TWENTY-TWO

**On the Insights
of History**

206

注释

NOTES

234

年表·文献

**Chronology &
Bibliography**

237

第一章

生命开始

CHAPTER ONE

Our Life Begins

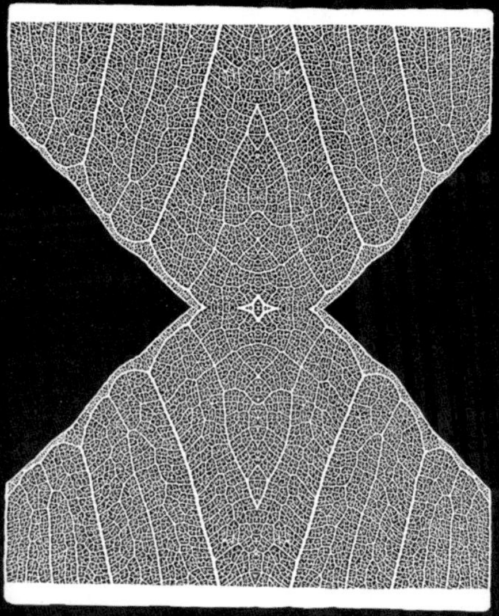

一群小孩子以他们特有的方式源源而来，仿佛抚过我那炽热的神经和肉体的欢乐涟漪。

——沃尔特·惠特曼《大吵之后》(After the Argument)

我们喜欢孩子，首先因为他们是我们所出，他们延续了我们美好和独一无二的自我。然而，我们喜欢孩子还因为他们是我们想成为却没能成为的对象——和谐的动物，他们的简单和心口如一都是自然而然的，而对于哲学家来说，这些行为只在斗争和压抑后才会出现。我们喜欢他们，是因为我们都自私——这是他们与生俱来的天性和毫不掩饰的率真。我们喜欢他们那份毫不虚伪的诚挚；在希望我们毁灭时，他们不会朝着我们微笑。"只有孩子和傻瓜会讲真话"，不知怎的，他们能从真诚里找到快乐。

看看他，那个新生儿，虽然肮脏却神奇，荒谬又真实，拥有无限可能性，有能力实现一个终极奇迹——成长。你能想到吗，这个哇哇大哭、感觉痛苦的奇特婴儿会尝尽爱、焦虑、祈祷、痛苦、创造、玄学和死亡的滋味？他之所以哭，是因为他在母亲安静和温暖的子宫里睡了那么久，现在突然被迫呼吸，这让他很受伤；被迫看到光，这让他感觉刺痛；

被迫听到声音，这把他吓坏了。严寒侵蚀着他的皮肤，他似乎痛苦万分。可事实并非如此，大自然让他处于麻木状态，从而保护他不受这个世界最初的冲击。他只能看到隐约的光线，只能听到朦胧的声音，而且大多数时间都在睡觉。妈妈叫他"小猴子"，她说得没错。在会走路之前，他都和猴子一样，而且尽管用不上双足，待在子宫里的日子也给了他那双有趣的小腿不可估量的灵活性，就像是青蛙一样。到了他能说话的时候，他就会摆脱猴子的状态，开始危险地到处乱爬，越来越像一个人。

看着他，看他如何通过无目标的探索一点点了解事物的本质。这个世界让他感觉迷惑。抓、咬和扔这些偶然的反应都是伪装，他这么做是在应对危险的经历。他充满了好奇心，并因此得以成长。从他的拨浪鼓到月亮，他想触摸和品尝一切。

至于其他，他都是通过模仿来学习的，不过他的父母却以为要通过说教来让他学习。他们教他彬彬有礼，却会打他；他们教他言语温和，却会冲他大喊大叫；他们教他不要过分重视钱财，却在他面前因为分配收入而大吵大闹；他们教他诚实，却用谎言来回答他提出的深刻问题。我们的孩子通过模仿我们，向我们展示我们的真实面目，从而让我们受教。

孩子或许既是哲学的起点，也是哲学的终点。所有形而上学的秘密都存在于无休无止的好奇心和成长中。看着摇篮里的婴儿，或看着他爬过地板，我们看到的不是抽象的生活，而是一个流动的现实，这个现实打破了我们所有的机械范畴，打破了我们所有的物理公式。这是迫切的发展，这是孜孜不倦的努力和创造，这是坚定的从手到脚，从无助到强大，从幼稚到成熟，从无知到充满智慧——这就是斯宾塞的"不可知"，康德的"本体"，经院哲学家的"实在的存在体"，亚里士多德的"原动力"，柏拉图的"真正的是"或"真正的存在"。我们由此更加接近事物的本质，而不是只局限于事物的长度、宽度、厚度、重量和坚固性，或者局限于一台机器的齿轮、滑轮、轮子和控制杆。生活中充斥着不满，我们不得不反抗和追寻，在痛苦中顽强生存。机械论和物质主义的哲学不能实现公平，不能助人理解一棵树的无声生长和雄伟，更不能领会孩子们的渴望和欢笑。

童年可以被定义为玩乐的年纪，因此一些孩子从来没有做过孩子，而一些成人也永远不会老。

第二章 **论青春**

CHAPTER TWO

On Youth

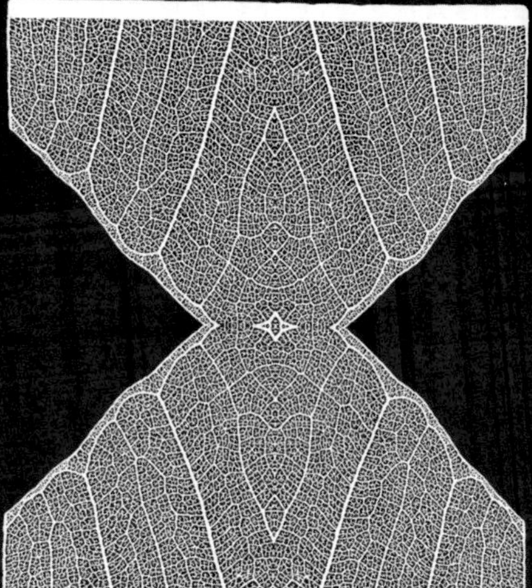

青春是从玩耍到工作的过渡，从依赖家人过渡到依靠自己。这个时期有一些杂乱无章和自私自利，在家庭中，年轻人每一次的突发奇想和要求都会因为父母慷慨大方的爱而得到满足。年轻人走向社会，在被人爱护了多年以后，终于第一次得到了自由，所以深深沉浸在自由的快乐中，然后大踏步去征服和改造宇宙。

德摩斯梯尼 (Demosthenes) 说，一流的雄辩术具有三个特征，即行动、行动和行动；可他或许会说青年的三大特征也是如此。青年和上帝一样自信和毫无远见。相比美食，年轻人更热爱刺激和冒险。年轻人热爱最好的人或物，热爱夸大其词，热爱不受约束，因为年轻人活力充沛，焦躁不安，可以释放青春的力量。年轻人热爱新奇和危险的事物；一个人有多爱冒险，他就有多年轻。

年轻人极不愿遵守法律和秩序。年轻人被勒令安静，而吵闹则是青春不可或缺的因素；年轻人在渴望行动时却被要求采取被动姿态；年轻人热血沸腾，"无休无止地沉醉"，却被要求保持冷静和审慎。青春是放纵的年纪，而年轻人的格言是"人生要尽兴"。年轻人从不知疲倦；年轻人活在当下，对昨天没有遗憾，对明天没有恐惧；尽管因为山峰遮挡，从这一面根本看不到山那边，年轻人还是心情愉快地爬上山。青春是感觉敏锐和欲望活跃的年纪；体验不会因为重复和幻灭而变质；有感觉是一件甜美而光荣的事。时光因其自身而珍贵。这个世界被视作美妙的奇观，是可以被吸收和享受的东西，是人们赋诗歌咏的对象，而人们应该为了这个世界的存在而感谢星辰。

快乐就是按照直觉自由地玩乐，所以年轻人很快乐。对于绝大多数人来说，青春只是我们生命里的一个阶段；大多数不惑之年的人都爱怀旧，曾经熊熊燃烧的火焰现在只剩下灰烬。人生的悲剧在于，它只会在偷走我们的青春之际才赐予我们智慧。"若能年少视广，若能老当益壮，该有多好！"

健康在于行动，所以青春会因健康而美不胜收。保持忙碌是优雅的秘诀，也是内心满足的一半秘诀。这让我们不是为了财富祈求神明，而是为了有事可做；幸福在于创造，而不是消耗。梭罗说过，在乌托邦里，每个人都会建造自己的家；然后歌声自会回到人们的心中，正如鸟儿筑巢后就会唱歌一般。如果我们不能建造自己的家园，我们至少可以走路、投掷和跑步；我们永远不会老到只会比赛而不会玩耍的地步。让我们去玩吧，就像我们祈祷的那样，结果一定会让我们信心倍增。

因此，年轻人很明智，他们不喜欢教室，而青睐运动场，把棒球看得比哲学还重要。很多年前，一个戴眼镜的外国学生称美国的大学是"为身体虚弱的人提供某些学习机会的体育协会"，他的话并不像他以为的那样具有毁灭力，这句话也说明他自己犹如他所描述的美国大学生那般。每一个哲学家，如柏拉图，都应该成为运动员；否则，他们的思想应该受到质疑。

"绅士的首要条件，"尼采说，"就是成为一只完美的动物。"教育应该建立在这个基础之上；保护身体的建议应该等同于思想的教诲。如果一个人身强体健，在户外睡觉，在阳光下行动，失恋的痛苦和现实的凄苦不可能对他们形成长久的折磨。

与此同时，年轻人要学习阅读，并学习在哪里以及如何发现今后需要知道的事物（这就是年轻人在大学里获得的最佳技能）。从书本里学到的知识，只有在生活中得到运用和验证，才有价值；只有这样，它才会开始影响行为和欲望。是生活在教育人，或许在生活中，爱高于一切。

随着青春期的到来，自我意识也随之产生，而这正是思想的来源。忽然之间，男孩子在做未经考虑的行为时失去了敏捷和协调，苍白的思想给他蒙上了阴影。女孩开始更加精心地打扮自己，更具艺术性地把头发弄得蓬乱；女孩子在一天里用十个小时来考虑穿衣打扮，一天里有一百次徒劳地把裙子拉过膝盖，而这样做只是为了迷倒他人。男孩子把脖子洗干净，把鞋子擦得锃亮；把一半收入都花在了女孩子身上，另一半则被裁缝赚走了。女孩子学会了脸红的技巧，年轻的男子在美人面前则走得"轻飘软绵"。随着性意识日渐强烈，智力也逐步形成。本能让位于思考，行动演变成了安静的沉思。诗意与想象蓬勃发展，无数的幻想和远大的志向在灵魂里奔涌。

与此同时，青春还在自我检验，也在检验这个世界。青春伸出了无数疑问和理论的触手来理解这个世界的意义；年轻人不可避免地会问及罪恶、起源、进化、命运、灵魂和上帝。这时或许会出现信仰上的"皈依"或对宗教的怀疑；宗教可以通过自我依恋的新冲动来加强自身；或者，宗教会与灵魂中不断膨胀的欲望作斗争，唤醒一种敌对情绪，而这种敌对情绪会在一段时间内在充满仇恨的无神论中大声咆哮。

大约在此时，年轻人发现了哲学，将之变成逻辑上的爆发。整颗心绽放成了歌舞；随着渴望的奔涌，美感得到了滋养，音乐和艺术诞生了。在发现这个世界的过程中，年轻人发现了罪恶，惊恐地了解到人类的本质。家庭的原则是互助；可社会的原则是竞争，为生存而斗争，淘汰弱者，强者得以生存。年轻人震惊了，奋起反抗，呼吁这个世界把自身建造成一个家庭，给年轻人一个集欢迎、保护和同志友爱于一身的家：社会主义时代到来了。然后慢慢地，年轻人被卷进了这场个人生活的赌博中；赌博的热情钻进了血液中；占有欲被唤起，两只手伸向了金钱和权力。反抗告终，赌博仍在继续。

最后，年轻人找到了爱。年轻人体会到了初恋的滋味，而这是一个虚无缥缈的前奏，肉体与灵魂的交响曲即将开始；年轻人体会到了早熟和无知欲望所带来的孤独挣扎。可这些只是深化精神，让年轻人准备好迎接因爱慕他人而导致自我放弃的预备工作。

看看这个男孩和这个女孩，他们陷入了爱河；除了死亡，还有什么不幸能破坏这美妙的幸福？当生命的洪流在女孩身上上升到意识创造时，她突然安静下来，学会了思考；她明白年轻人的渴望和不安，却可以做到亲切和有礼，她了解求爱时的愉悦，她因为深藏在血液中的渴望而兴奋，因为不可思议的温柔和忠诚而激昂。这是文明和文化延续了几个世纪的结果；在年轻人这里，与思想上或政治上的成就相比，浪漫的爱情才是他们最向往的事情。

我们年轻时会步入婚姻殿堂，因为浪漫让我们甘愿献身，可现在这种不稳定和复杂的生活让我们一再推后婚姻，甚至超过了爱情的期限。随着年龄增长，欲望越来越强烈，可在经济世界里，有些现象虽然可以证明婚姻确有必要，却受制于各种因素，成为推迟婚姻的佐证，那么，年轻人该怎么办呢？谁敢回答就让他回答。现在还不是勇敢面对这个问题的时候；亦不是时候了解，在我们的文明中，是应该恢复早婚，还是应该放弃爱情。

人们谴责年轻人的"不道德"，然后在婚姻因为经济问题而延后时却袖手旁观，这样的情形助长了滥交，对性爱提出了不自然的要求——这样的人不是伪君子就是白痴。性欲太过强烈，根本无法以道德禁令加以过分谴责；每经过一代人，性欲的力量就会增强，因为每代人都是活力的结果；很快，生活的洪流就会打破伪善，在我们闭上眼睛的时候，为我们创造新的方式和新的道德观。

或许当一切都太晚时，我们才发现，我们出卖了我们文明里最珍贵的东西，也就是一个男人对一个女人的忠实爱情，而当初这么做就只为了换回孤寂的安全感，懦夫才在金钱中寻找安全。年轻人，如果聪明的话，就会珍惜爱情，视爱情高于一切，并保持身体和灵魂的清白，等待爱情的到来，通过数个月的订婚来延长爱情的期限，通过婚姻的庄严仪式来认证爱情，让其他一切都坚决成为爱情的从属。年轻人，如果聪慧卓绝，就会珍惜爱情，用忠诚来呵护爱情，用奉献来让爱情变得浓烈，用生儿育女来让爱情充满活力，要让一切都成为爱情的从属，直到永远。即便爱情中的奉献会让我们筋疲力尽、爱情悲剧会压垮我们，即便分手会让我们痛不欲生，可还是让我们以爱情至上吧。即使我们为爱付出了什么代价，又有什么关系呢？

第三章

论中年

CHAPTER THREE

On Middle Age

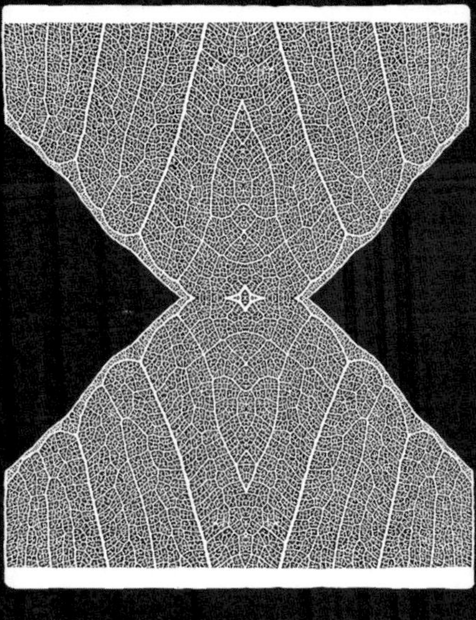

于是年轻人结婚了，青春由此终结。结婚第一天，已婚男人就老了五岁，已婚女人同样如此。从生物学角度来说，中年始于婚姻，因为这个时候工作和责任取代了无忧无虑的玩乐，激情屈服于社会秩序的限制，诗歌让步于散文。这样的变化随着习俗和风气而改变：在很多现代化的城市里，很多人都晚婚，所以青春期延长了；可在南部和东部，人们在风华正茂时便步入婚姻殿堂，为人父母之后开始变老。

"年轻的东方人从十三岁就开始行使婚姻职能，"斯坦利·霍尔 (G. Stanley Hall) 如是说，"三十岁时便筋疲力尽，必须求助于春药……生活在热带的女人三十岁往往就已衰老。在某种意义上来说，成熟得晚的人老得慢是很有可能的。"或许把性成熟的时间推迟到经济成熟的时候，通过延长青春期和接受教育的时间，我们就应该可以达到前所未闻的文明高度。

人这一生中的每个年龄段都有其优缺点，也有其任务和乐趣。正如亚里士多德在中庸之道中找到了优点和智慧一样，青年、中年和老年的特质或许是为了让人公平分割人类生活的中心。举例来说：

青年	中年	老年
本能	归纳	推断
创新	习惯	根深蒂固的习惯
发明	执行	阻挠
玩乐	工作	休息
艺术	科学	宗教
想象	才华	回忆
理论	知识	智慧
乐观	社会向善论	悲观
激进主义	自由主义	保守主义
专注未来	专注当下	专注过去
勇敢	谨慎	胆怯
自由	自律	权威
踌躇	稳定	停滞

这样的列表可以无限延伸下去，把众所周知的道理堆积在一起，就像把佩利翁山叠到奥萨山上那样无穷无尽。这对有所成就和建树的中年来说至少还是安慰。年轻人活跃而热情，而生活把平静、骄傲的安全感和力量，给予了随后的人生阶段，使得人们不再只能期冀这些，还能够将之一一实现。

人在三十五岁会到达生命曲线的顶端，保持年轻时的热情，并用更丰富的经验和更成熟的感悟来锻炼这份热情。或许这和性的周期是一致的，性在三十二岁时达到峰值，处在青春期和更年期之间。

随着我们在经济世界中找到自己的位置，年轻人的叛逆情绪就会平息；当我们脚踏实地时，我们就不会喜欢地震。我们忘记了我们的激进主义，取而代之的是温和的自由主义——这种激进主义是被银行账户意识软化下来的。四十岁以后，我们更喜欢这个世界静止不动，更喜欢生活的动态景象凝固成一个画面。从某种程度上来说，中年人日益保守是智慧增长的结果，因为中年人觉察到了制度的复杂性和欲望的缺点。可在某种程度上，这也是精力下降的结果，与身心俱疲的人的完美品德相一致。我们觉察到，一旦精力用光了，就再也不会自动恢复，对于这样的认知，我们先是难以置信，然后就会绝望。

这样的发现会让生活陷入数年的黑暗；我们开始哀悼人类生命的短暂，哀悼在这样一个有限的周期内不可能获得智慧或满足；我们站在山顶，用不着极目远眺，就能看到山脚下的死亡。我们更加努力地工作以忘记死亡正在等待我们；我们回首往事，追忆那些不被死亡阴云笼罩的时光；我们着迷于年轻人的陪伴，因为年轻人完全不在乎死亡，这可以暂时或在某方面影响到我们。因此，中年人在工作和为人父母中找到了满足和幸福。

通勤是中年人的写照。边看报纸边吃早餐，匆匆和妻儿吻别，冲向车站，和往常一样，在站台上与和他同样的通勤族聊几句天气，看看报纸，从南曼哈顿那些邋遢古怪的人和垃圾边上不安地走过，像个溺水的人一样拉着地铁上的拉手，上下颠簸，这让他感觉极为不舒服。到了目的地之后，他的重要性就消失了；根本没有重要的决策等着他去作。他发现，在大部分时间里，他面对的不过是重复到令人昏昏欲睡的琐事。他忠实地办完每件事，渴望地看着钟表，看看还有多久才能回家，琢磨和家人一起度过的夜晚将会多么舒适。五点，他再次如行尸走肉一般向地铁走去，和其他通勤族说些肆无忌惮的狂话，并把自己当成一名哲学家，思索为什么全国比赛总会出现悲剧。他六点回到家，到了八点，他开始思考自己为何总是如此匆匆。

因为到了这个时候，他已经探索到了爱的深度，发现了隐藏在温柔外表下的战争。熟悉和疲惫降低了对肉体的沉迷。他的妻子不再为了取悦他而打扮，不过这样的事只会发生在他离家之后、她不用再在意他的时候。每次他看到妻子，她总是身穿凌乱的便服，而他每天遇到的其他女人都涂脂抹粉，精心打扮，卷发动人，她们迷人的膝盖、诱人的连衣裙、鼓舞人心的笑容和催情的香水，让他时时身陷在不忠的深渊中。他努力地去爱他的妻子，每天飞快地吻她两次。他出轨过一两次，但发现外遇很是沉闷，谢天谢地出轨的事没露馅，随后他便甘心接受了单调的生活。其余时间里他修剪草坪、玩牌、打高尔夫球，甚至还笨拙地涉足当地的政治圈子。他很快就厌烦了最后一项消遣。他得出一个结论，不管是说的，还是写的，最富有智慧的语言出自"老实人"(伏尔泰同名小说里的人物)：我们必须培育我们的花园。他种了土豆，收获了适度的平和。

与此同时，他的妻子也了解到了一些生活真谛。在充满浪漫的那些年里，她一直是个女神，可忽然间她发现自己成了一个厨子。这个发现令人泄气。既然一个男人把她当成不用支付薪水的女佣，她为什么还要每天涂脂抹粉，穿漂亮衣服，费力做个充满魅惑力的尤物呢？如果她不用做饭、不做打扫，不再为家庭操心，整天自由自在地，受人尊敬，也不用工作，那她可以花整个早上来梳妆打扮，下午则用来提高个人修养。她阅读卫生和怀孕方面的材料，告诉可怜的母亲们如何哺育婴儿，但厌倦了生孩子的女性只希望知道如何不再怀孕。她参加了拓展课程，组织社团，带着浪漫的耐性聆听游历各地的小说家和哲学家的高谈阔论。

后来，不知怎的，她突然成了母亲。她又高兴又害怕。或许抚养孩子会要了她的命；很长一段时间以来，她都没有机会做一些有益健康的工作，而这些工作本可以让她的身体适应这种生活。可她也很骄傲，感觉自己更加成熟了；她现在是个女人，再也不是一个无所事事的女孩，也不再是一个家庭装饰品或方便丈夫上床的工具。她勇敢地面对痛苦的分娩；当看到孩子时，她哭了一会儿，然后惊叹于竟然有如此漂亮的孩子。她温柔地为孩子忙这忙那，白天不得闲，夜晚睡不了一个囫囵觉，没有时间寻找"幸福"，眼里却绽放出全新的光彩和喜悦。此时此刻，在孩子父亲的眼里，这种全新的款款柔情是什么？这样的温柔就在他的手边，这样前所未有的真诚就在他的怀里，这种心甘情愿的辛苦、珍惜和保护，到底是什么？或许，生活的中心，满足的秘密，都在孩子身上，而人们从未想过去孩子身上寻找。

第四章

论老年

CHAPTER FOUR

On Old Age

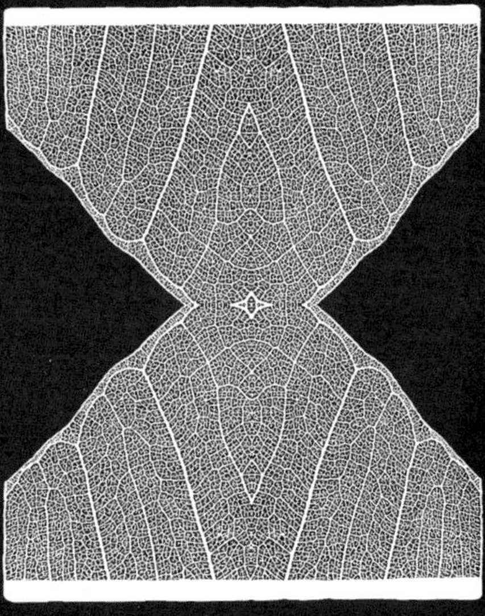

人们应该在最好的年华死去，可他们没有。因此，年轻人和死亡会在大街上相遇。很多年前在哥伦比亚大学，一个快乐的学生穿梭于图书馆的书架之间，一转弯，突然碰上一个弯腰驼背、头发花白的八十多岁的老人。他们默默地看着对方，年轻人在心里说"我将来就是这样"，而老人的眼神似是在说"我曾经也像你这么年轻；渴望知识，盼望成就，急于改变。晚上，我回忆一些琐事，弄得自己睡不着觉，白天就去看那些发黄的报纸，它们在兴奋地向我讲述我年轻的时光"。曾经这个年轻人因在街上看到一个老人而停住脚步：老人留着络腮胡子，拄着拐杖，显得又惊又怕，看着如尼亚加拉河一般的车流在第五大道上行驶。老人灰黄色的脸上布满皱纹，和蔼可亲，但从困惑到愤怒，显示出他这一代人是被这个快速发展的喧闹世界残忍抛弃的微妙的悲剧。或许正是为了这样的人，神的磨坊才会磨得异常缓慢，唯恐人类的心灵在无休止的变化的重压下崩溃。

老年是什么？从根本上来说，毫无疑问，老年是一种肉体状态，是细胞质的状态，它不可避免地发现其寿命是有极限的。老年是生理和心理方面的退化，是动脉和思维过程的硬化，是思想和血液的禁锢；当然，也有可能一个人的动脉变老，思想却很年轻。我们的学习能力会随着年龄的增长而下降，就好像大脑的联合纤维在僵化模式中进行积累和覆盖。新的材料似乎再也找不到空间，因为记忆消失得是如此之快。随着衰退程度加深，思路和统一性消失了，协调出现动摇；老人说话总是跑题，德昆西 (De Quincey) 口中的"老年多言期"开始了。

然后，正如孩子年纪越小长得越快一样，老人老化的速度也在一天天加快。就像孩子一出生就被不敏感所保护一样，感官和意识的钝化也让人感觉放松，这会慢慢给人一种无所不在的麻醉状态，并允许时间挥舞大刀完成最主要的手术。

感觉不再强烈，活力逐渐消失；对生活的渴望屈服于冷漠和耐心的等待；对死亡的恐惧奇怪地和对安息的渴望纠缠在一起。如果一个人生活得很好，如果一个人了解完整的爱，有丰富的经历，那么或许可以带着几分满足死去，为更好的表演腾出舞台。

可如果表演永远不会更好，总是离不开痛苦和死亡，没完没了地讲着同样的愚蠢故事，会怎么样？怀疑在啃噬充满智慧的心，毒害年老的人。而无耻的通奸和残酷的蓄意谋杀也还在上演。以前是这样，以后显然还会如此。这就像奔袭的洪流，它席卷了上千条生命和几代人的劳动。故事里会有丧亲之痛和破碎的心，还有爱的苦涩和短暂；这里会有办公室里的傲慢和法律的迟延，法庭的腐败和位高权重者的无能；这是一种奴役，一种令人目瞪口呆的劳作，它使人变成没有灵魂的大块头。

到处都是生存斗争，生活不可避免地陷入竞争；所有生活都以生命为代价，每个有机体永远在吞噬其他有机体。这就是历史，一个徒然的无限循环；那些有着渴望眼神的年轻人也会犯我们犯过的错误，他们也会因为同样的梦想而误入歧途；他们也会痛苦，会怀疑，会屈服，会变老。

第五章

论死亡

CHAPTER FIVE

On Death

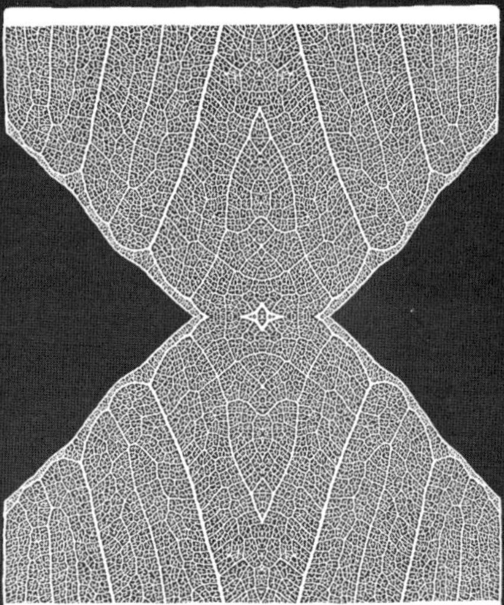

历史上只有一件事是确定的，那就是衰落；生命只有一件事是肯定的，那就是死亡。这可能是暮年的大悲剧，若带着倒置的浪漫之眼回顾过去，只能看到人类的痛苦。在生命弃我们于不顾的时候，我们很难赞美生命，如果我们还在赞美生命，那是因为我们希望我们可以在一个与肉体脱离、拥有不死的灵魂的领域里重新找回生命，找回一个更为公平的生命。

然而，如果为了生命我们必须得死去，会怎么样呢？事实上，我们并非个体。但正是因为我们自以为自己是个体，死亡才似乎不可原谅。我们只是人类的临时器官，是生命这个主体内的细胞；我们死去，然后消失，以便生命能够保持年轻和强壮。如果我们要长生不老，成长就会被扼杀，年轻在尘世中就没有了空间。就和表现方式一样，死亡是在清除垃圾，切除多余。

我们把一部分自己从日渐衰老的身体中分离出来，称之为孩子；通过我们那些永不气馁的爱，在死去之前，我们把我们的活力传递给这个全新的自我；通过为人父母，我们跨过了代沟，避开了死亡的敌意。即便是在洪水中，孩子依然会诞生；在一辆乱糟糟挤满难民的汽车里，双胞胎突然降生；在被咆哮的洪水包围的一棵树上，一位孤身一人的母亲仍在哺乳她刚出生的孩子。即便在死亡的阴影下，生命仍将生生不息。

所以智慧是随着年龄增长而来的礼物，看到事物的恰当之处，看到事物每一部分与整体的关系，或许就会得到全方位的视角，这样就能理解所有，从而原谅一切。如果这是一个哲学测验，要求给予生命一个战胜死亡的意义，那么智慧会告诉我们，腐坏只是一部分，即便我们死了，生命本身却是永恒的。

三千年前，一个人以为人类会飞，于是他给自己造了一对翅膀；他的儿子伊卡洛斯相信这对翅膀能飞，并尝试飞行，结果掉进了海里。勇敢无畏的生命，继续着梦想。三十代人后，希望把神话带入现实的达·芬奇在他的画作（他的画是那么美，看到它们，伤痛的人们不禁屏住了呼吸）上画了飞行器的平面图和计算结果；他还在笔记中留下了一句话，只要听过这句话，它就会像钟声一样在记忆中回响——要有翅膀。达·芬奇失败了，并且离开了人世；可生命在继续，梦想也在继续。又过了多少代，人们说人类永远不能飞，因为上帝不愿意如此。后来，人类能飞了，长久以来对鸟类的挑战终于有了结果。生命就是这样，可以怀揣一个梦想长达三千年，并且从不放弃。个人失败了，可生命成功了。个人很愚蠢，可生命却存在于血脉中，为一代又一代人播下智慧的种子。个人死去，可生命在继续，不知疲倦，从不灰心，永远保持惊奇、渴望、计划、尝试、攀登和向往。

一个老人弥留之际，帮不上忙的朋友和号哭的亲戚令他痛苦万分。多么可怕，老人瘦得皮包骨，皮肉松弛，布满皱纹，牙齿已经掉光了，他面色苍白，舌头僵硬，说不出一个字，眼珠混浊，什么都看不见！经历了充满希望和考验的青春，走过了弥漫着痛苦和辛劳的中年，终于到了这个关口。到了这个地步，健康、活力和欢乐的竞争都已不在（在有男子气概的比赛中，这只手臂曾经奋力出击，为胜利而战）。到了这个地步，知识、科学和智慧都已不在。七十年来，这个人一直在积累知识，过程很痛苦，而且付出了很多努力；他的大脑成为各种经验的宝库，蕴藏着无数精妙的思想和行动；他的心从苦难中学会了温柔，因为他的头脑学会了理解。七十年来，他从一个动物成为一个能够寻找真理、可以创造美丽的人。可死亡来找他了，毒害他，窒息他，冻结他的血液，揪住他的心脏，炸裂他的大脑，让他的喉咙格格作响。

死亡赢了。

鸟儿在外面的树枝上欢快地歌唱，雄鸡对着太阳高唱赞美诗。阳光倾泻在田野上；花蕾伸展，茎秆自信地扬起头；树液在树上积聚。是什么让孩子们如此快乐，疯狂地在被露水打湿的草地上跑来跑去，笑着，叫着，追逐着，躲避着，气喘吁吁，不知疲倦？他们真是活力无限，生龙活虎，快乐无边！他们怎么会关心死亡？他们之后会学习，成长，去爱，去奋斗，去创造，或许还会给生命提升一个等级，然后死去。当他们离开人世时，他们会用父母的关怀来欺骗他们的孩子，而这会让他们的孩子比他们好过一点儿。

生命赢了。

第六章

论灵魂

CHAPTER SIX

Our Souls

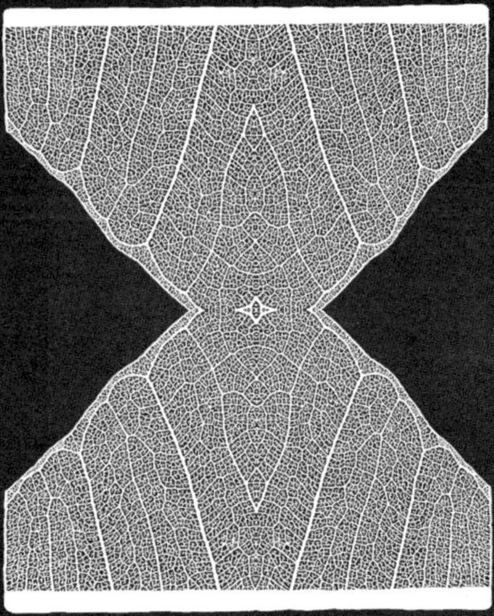

教堂的尖塔笔直向上，不理会绝望，指向希望，这些城市里的高耸尖塔，或者山上的小教堂，都是一步步拔地而起的；在这个地球上任何一个国家的任何一个村庄里，它们都在挑战怀疑，邀请疲惫的心来接受慰藉。这全是虚幻的错觉吗？除了死亡，就没有其他的可以超越生命？除了腐烂，就没有其他的能超越死亡？我们无从得知。可只要人类还在受苦受难，这些尖塔就会一直在。

现在似乎是一个恰当的时机来审视是否有人能在人类注定的结局中幸存下来了。这需要给一些事物下定义，比如物质、空间、时间、感觉、知觉、心灵、自我、意识和灵魂。康德用八百页完成了这个目标，可我的头脑不如他的复杂，所以写上区区几页，我就满足了。

所谓物质，我指的是那些占据空间的东西。理论物理属于另外一种形而上学，是把物质缩小到不受空间限制的一种能量；可我觉得这是神秘主义。我一直认为物质必须占据空间，我相信不管我是否觉察得到，物质都是存在的。我发现这样的观点得到了无数经验的确认，无数志同道合之人也对此予以肯定，这就足够了。我承认，我不了解物质，因为它独立于我的感知；当它进入我的视野后，它会因我的感官结构和状态、中介介质的性质、落在物体上和我眼睛上的光线的性质和入射率而改变。可如果我认为是我的认知创造了物体，我就可以用塞缪尔·约翰逊 (Samuel Johnson) 的直率方式——通过踢一块硬石头，轻易地让自己幻灭。

空间，主观上来说，和认知共存——同时觉察到两个物体，一个位于另一个的左边或右边，上面或下面；客观上来说，它是运动的可能性和媒介。时间，主观上，是一个接一个的有意识的感知序列；客观上，它是变化的可能性。不论我是否觉察得到，树都会生长和枯萎；不管是否有人在观察，季节都会自行交替；即便没有人听到撞击声，枯死的树也会轰然倒塌。这个世界并非如叔本华所说是"表象"，你我都只是短暂的产物，这是个严酷的现实。

如果我把物质定义为占用空间的东西，那我必须认定思想是无形的，因为在进行了直接和反复的内省后，我发现没有任何迹象显示思想占据了任何空间。思想理解一英里并不比思考一英寸更费力。所谓思想，我指的是一个有机体内的感知、记忆和观念的总和，有时思想是有意识的。感觉是外部刺激或内部状态带来的，可能是无意识的，并会产生无意识的反应，就像你在我睡觉时搔我的脚底，我的脚趾会蜷缩，这是反射动作。只有当意识把感觉归于一个理由或一个地方，感觉才会变成认知，比如"耳朵很疼"，或者"雷声"。

感觉、知觉、记忆和观念在神经系统中具有实质性的相互关系，不过它们是这些关系之外的东西；通过内省，我们能意识到它们。大卫·休谟 (David Hume) 自娱自乐，把思想化作一缕缕认知或观念，但他并不把自己当回事。除了这种连续的心理状态，在内省的直接见证下，还有一种用连续性和个性构成的"自我"；有一种意识，或者说可能有一种意识能区分开睡与醒、感知与记忆。这一直是唯物主义者形而上学中的荆棘。

在这一点上，心理分析学家提醒我，我的个性和思想大都受到了"潜意识"的影响，有时还会受到潜意识的引导。我更愿意称之为生理自我，它把过去的（甚至是胎儿期的，以及种族间的）感觉、行动、欲望和恐惧储存在我们的神经系统中。这些可以进入我们的梦，在梦境中，没有清醒的意识自我用对当下的认知去评判过去的记忆；这些还可以进入我们清醒时的意识。清醒时，当下的经历会唤起储存在神经系统中的相关记忆。这种休眠记忆是自我和灵魂的一部分；意识并非灵魂的全部，只是灵魂的至高成就。

所谓灵魂，与思想不同，我指的是存在于每一个身体内、每一个细胞和器官内的内在指令和能量。灵魂和呼吸密切相关，如果呼吸停止，灵魂就会逐渐消逝；可灵魂不仅仅是呼吸，因为灵魂不仅与呼吸有关，也与身体或思想中最微妙的功能有关。在内省之际，我不仅觉察到了感觉和观念，还觉察到了欲望、意志、野心和骄傲，知道这些都是"我"的生命的重要阶段。斯宾诺沙说得对，"欲望是人的本质"。在承认最终的失败之前，我们都是活生生的欲望火焰。意志是用思想表达的欲望，除非被相反或替代的欲望和观念所阻碍，否则这种欲望就会变成行动。性格是欲望、恐惧、嗜好、习惯、能力和观念的总和。

正是这灵魂，正是这由欲望和思想组成的热气腾腾的喷泉，形成了受遗传和环境限制的身体和面孔，遵循的是祖先的灵魂塑造其形体的方法。阿米巴变形虫变成了一只临时手臂，紧紧抓住一些需要的对象，正是欲望塑造出了那只手臂；如果这样的欲望通过众多生命和一代代人来表现，那么胎儿的灵魂或指向力或许就能制造出一只永恒的手臂。在这里我暂且不考虑达尔文的理论，只是重新提起对拉马克（Lamarck）理论的谨慎修改。我相信，在所有事物中，都有我称之为灵魂的构成力。所以，我在这里重复斯宾诺沙的话："在某种程度上来说，所有事物都是有生命的。"尽管在一些明显没有生命的石头里只有电子在跳舞。

因为胆怯和谦卑，我拒绝宿命论，因此背离了斯宾诺沙。宿命论认为，意识是多余的累赘，我怀疑如果意识真是累赘，并且对生存下去没有一点儿价值，意识就会进化。意识的部分价值在于其可作为彩排阶段，检测针对某一情况的各种可能反应，按照记忆里的经验，想象或预测每种潜在反应的结果，并且让这种彩排影响最后的反应。通过延迟反应，就有时间让某一情况的各个重要方面进入意识并引起反应，如此一来，答复就会既明智又恰当。如果意识对行动没有任何影响，如果每次反应只是针对机械刺激作出的机械回应，清醒的生活就成了另外一个梦，届时，潜意识的力量将决定所有的认知、感觉和观念。

我承认，在简单明了的逻辑下，宿命论似乎是无可辩驳的。宇宙历史中的每一刻似乎都不可避免地沿袭前一时刻的情况和要素，这一刻沿袭上一刻，直到莎士比亚戏剧的每一句台词都在气态原生星云中找到遥远的原因和解释。这比任何中世纪的神话故事都更叫人难以相信。相比任何推论，我更愿意相信内在直觉。有多少事物得到"逻辑证明"，然后又被后世的逻辑学家推翻？欧几里得命题被高斯和黎曼推翻，牛顿的物理理论被爱因斯坦推翻。逻辑本身就是人类创造的产物，也可能会被宇宙摒弃。

如果人们和我一样，相信万物都有自发力，而随着我们从气体变成人类，这种自发力就越来越复杂，那么就可以摆脱这一机械争论。对人类来说，除了遗传、环境和情况（决定论的三位一体），还有灵魂那膨胀且强劲的"生殖冲动"。如果没有它，成长就会变得晦涩难懂。除了作用于我的机械力之外，还有我的自我，这不仅仅关乎机械的感觉、记忆和回应，也是一种承载着我自己印记和性格的力量和意志。我不知道我喜欢的适度自由和原发创造力该当何解，可当我内省时，我看不到机械性，只看到野心、欲望和意志。生命的本质是欲望，而不是经验；在启迪心灵、追求目标的过程中，经验就成了欲望的工具。

可即便我的行动中有任何自由的元素，这些元素是如何在一个据说受制于机械定律和受宿命论支配的外部世界中找到一个出口、一种运行方式的？如果能找到，这是因为外部世界并非一台盲目的机器，而是一个充满各种不同的、常常互相冲突的生命力和意志的场景；在很大程度上，机械式"定律"

或许只是这些巨大的力的近似平均结果。物理本身似乎就在趋向于这样一个结论，正如维尔纳·海森堡的"不确定性原理"所称，尼尔斯·玻尔的双重世界概念也是如此——一个世界是内部的、"凹陷的"，另一个世界是外部的、"突出的"，每一个世界都有其方式和定律。[1]或者正如斯宾诺沙所说，现实是一个拥有（众多属性或方面中的）两个属性或方面的物质，即有形的物质扩展和无形的思想。我们是现实的一部分，通过肉体，通过思想，我们可以感知到外在形态和内在生命。[2]

虽然我很喜欢自己独一无二的灵魂，可并不期盼我的灵魂在肉体死亡后依然存在。死亡是人类灵魂的瓦解，是赋予生命、塑造形体的力量的崩溃，它是把生物人类分裂成不同部分的灵魂，而不同的肉体部分就是因此拥有了生命力。所以，分散了的灵魂可以在一段时间内让尸体上的头发和指甲继续生长。当尸体彻底分解，遗留下来的"无机"碎片中甚至依旧存在灵魂或内在活力。可我的灵魂与我那有组织、由中央引导的肉体息息相关，和我个人的记忆、欲望和性格息息相关，在我的肉体腐坏之际，我的灵魂肯定也会瓦解。

在此我再次背离了我最喜欢的哲学家斯宾诺沙。你一定还记得，他在《伦理学》(Ethics) 一书结尾处叙述了不朽智慧的概念：只要从永恒的角度来看待事物或观念，我们就可以感觉到我们自己是不朽的；思想不受时间限制，那么我们的思想就是不朽；我们将在某种程度上成为神圣思想的一部分，在永恒的光中看到一切事物。桑塔亚那 (Santayana) 用类似的幻想来支持他的唯物主义。[3] 可我们谁曾经或能够从永恒的角度看待事物，或能肯定知晓真相呢？

我对死亡很满意；但一想到要永远生活在天堂，无论是什么样的天堂，我都感觉特别害怕。到了九十岁，我的野心缓和了，我对生活的热情消退了，很快我就要重复恺撒的名言："我已经活得够久了。"当这一生已经得到完满，死亡在该来的时候到来，那么死亡就可以得到宽恕，而且这是最好的安排。如果我在弥留之际说了什么与这种虚张声势相反的话，那么请别在意。我们必须给我们的孩子腾出空间。

第七章

论神明

CHAPTER SEVEN

Our Gods

现在，无须告诉你，你也知道我是神学的怀疑论者，既不相信希伯来人好战的神，也不相信给予惩罚和奖赏的基督徒的上帝。我在宇宙中看到过很多有序的迹象，但也有很多在我看来是杂乱无章的状况，正如不计后果的流星的异想天开，或行星轨道傲慢偏离了我们的几何学所要求的路径；然而，我对有序和无序的概念是主观的，正如我对美、崇高和丑陋的概念一样。可以这么说，这些都是我的偏见。因为当我从秩序的角度看待万物，我就能更好地应对事物，但宇宙没有义务遵照我的喜好。

我在自然界和我自己身上，看到了很多设计的证据，很多迹象显示，一股强大的力量正尝试寻找调整手段和器官，以达到目的和实现欲望；可我还看到很多例子，在这些事例中，很多器官不能完全适应功能和用途（比如亥姆霍兹对人眼缺陷的批评）。而且，由一些事件可知，从人类的视角来看，这一强大的力量是残酷的，并不仁慈，如1755年的里斯本大地震，数千名在教堂里做礼拜的虔诚信徒全部丧生。"自然"显然并不在乎斯宾诺沙，也不关心在他四十二岁时夺走他

当我从秩序的角度看待万物，我就能更好地应对事物。

性命的结核杆菌。

这个世界有太多的痛苦，其中一些显然是不应该的，那么多的战争、毁灭、犯罪、腐败和暴行，甚至是在中世纪教会这样的宗教组织里，人们发现自己很难相信这一切都是全能和仁慈的神准许的。然而，还是有数百万基督徒将这些邪恶解读为上帝的旨意。如今，在我们看来，加尔文主义是多么野蛮，在加尔文教教义中，在人类被孕育之前，上帝根据自己的意愿选择了一些人进入天堂，赐予他们永恒的快乐，另外选择了一些人，将他们打入地狱并让他们遭受无尽的折磨，而这，无关他们生前行善或作恶。

在尼采所著《查拉图斯特拉如是说》一书中，基督教神学中的上帝的死亡被如此愉快地宣告。一些年轻的基督教神学家在想着上帝时，他们承认"上帝已死"。在历史上，随着人类知识的增加和道德感的提升，人类对上帝的概念会发生周期性的变化；这些划时代的转变不仅会让哲学家和圣徒有所不安，还会让整个国家和时代出现动荡。我们处在这样一个时代，科学和历史启示以及基督的伦理道德使得心智发达的人不相信"上帝长了恐怖的胡子",而正是这位上帝吓得我们的祖先俯首帖耳。从这个意义上来说,是基督杀死了耶和华。

人类的历史或许是按照神的化身来书写的:旧的神明依次死去,为后面可以不断提高人类知识和道德水平的神明腾地方,周而复始。人们曾经崇拜的各种神明清单或许就是天国变化的目录。高级神明多以百计,小的神明多以千计。如果过去的人能够重返尘世,那么他们会震惊地发现,他们崇拜的大部分神明现如今只有人类学家才知道。每个时代的每一个人都按照那个时代的方式来重新诠释造物主,并且为了保护那如浮云一般的概念去死,或去杀戮。所以,历史学家已经准备好再次见证造物主概念的变化了。

自从哥白尼宣布曾经被视作造物主脚凳的地球只是宇宙中的一粒尘埃,昔日的部落之神就开始死去,人类听到一个声音指示他们去扩大造物主的概念,以迎合因天文学而向人类开放的宇宙。

达尔文推动了这一转变。正如天文学家觉得地球是太空里的一粒尘埃一样，生物学家也认为人类是无限时间里的一粒尘埃，是长长一串昙花一现的物种（地上走的、海里游的和空中飞的）中的一员，而人类只是大自然书写的无穷无尽的《奥德赛》中的一行。可这也是达尔文开启的一扇新的大门，约翰·莫利（John Morley）称之为"科学的下一个伟大任务"，即为人类开创一种全新的宗教。进化完全不支持赫伯特·斯宾塞的机械哲学，它揭示了宇宙进程中的精髓不是"物质"，而是生命。机器如何进化？我们承认进化是主动的，而不是被动的；进化不是由环境和机会促成了有机体的形成，而是被赋予实验和学习能力的有机体在对环境进行艰苦改造、对机会进行的局部调节；进化不是漫无目的的变化的偶然汇总，而是永不满足的欲望——想要创造一个又一个器官，按照意志塑造肉体，重塑地球表面。生命本身就是新的造物主。

这听来有些幼稚，感觉像是一首蹩脚的诗篇，可我将之称为得到反复研究的事实。我经常感觉到，在生命循环的过程中，有一种情感让我想起了儿时的虔诚，带着这份虔诚，我曾走向领受圣餐处的栏杆，或喃喃地进行受难祈祷。当绿芽破土而出时，我感觉在这个神秘的存在面前，我更接近现实的本质，我的孙子向我解释原子的奇妙之处并不能让我有如此感觉。

这棵树——我看到它把根更深更广地扎进土壤里，躯干却向天空伸展，仿佛是在祈祷得到阳光和温暖，它伸展枝杈，展开无数树叶呼吸空气，捕捉阳光；我感觉我也同样渴望光和生长；我和这棵树拥有类似的灵魂，拥有相同的渴望和相同的生命。我看到慈祥的父母在花园里和他们的孩子嬉戏，我觉得他们也是冗长生命的一部分。可怜的圣母玛利亚坐在房子的台阶上哺育她的孩子。在我看来这是一种隐藏在所有机制和动作背后的生命力的形式和象征。而且，正如但丁所说，是爱在推动"太阳和其他恒星"。

这就是我崇拜的造物主：一种执着而具有创造力的生命，它从原子的能量中挣扎出来，让大地充满生命的绿色，用雄心壮志激励年轻人，用温柔的憧憬激励女孩子，塑造出女人的形体，激发天才，指导菲迪亚斯的艺术，用斯宾诺沙和基督来证明生命本身。我知道，相比生命，现实的真相还有很多；

自然中有恐怖，但也有美好和发展；我越发应该尊敬和帮助所有正在成长的事物。这是一种非常古老的哲学，不然我不会相信它。

上帝是人格化的神吗？不是，为什么呢？人格只是创造物的一部分，而不是创造性的力量；人格是独立的，是意志和性格的一种特殊形式。我所崇拜的造物主不可能是这样一种独立和片面的自我，它是宇宙活力的总和及来源，我们小小的自我只是宇宙活力中的抽象碎片和实验性增殖。

我已经准备好让你把我当成一个无神论者了，毕竟我无奈地放弃信奉有人性和仁爱的造物主。可我不愿意让造物主这个词从我的生活和信条中抹去。我会尊重你对神的定义，尊重那些在我家山下的天主教大学上学的女孩子们；或许（因为我们都是试图分析大海的水滴）你也会允许我有我的定义。我拒绝唯物主义，我认为思想是我最直接了解的现实，我印象里的世界不是建立在盲目的机械论基础上，而是充满拼搏和具有创造性的生活图景。为了创造性的生命力和丰富的大自然，为长久以来"物质"奋力从原子能发展到智慧、意识、见识和深思熟虑的意志，再成长为政客、诗人、圣徒、艺术家、音乐家、科学家和哲学家，就让我保留"造物主"这个词吧。

我觉得自己是一个真正的基督徒，因为我真心钦佩基督的人格和道德规范，并努力表现得像一个基督徒。我并不是一个圣人，我曾多次偷偷欣赏了以女性为特色的戏剧，私下里很喜欢。九十多岁时，我依然有强烈的性冲动，而我最近病了一场，性冲动就消失了，可我感觉这种冲动现在已经回来了。我觉得我是一个异教徒也是一个基督徒，既尊重感官的快乐也尊重心灵的欢愉，而我也希望自己能成为一个像基督一样真正的基督徒——我尝试过了。我和阿里尔因为我们的书得到了丰厚的版税，可我们一半以上的收入都被用来交税了，剩余的一半也被捐了出去。我们吃穿用住向来都很简单；如果我们经常出门，也几乎都是为了辛苦的研究；我讨厌旅行，我爱我的家。在我的记忆中，我从未以怨报怨，从未憎恨或谴责任何人，除了赞成美国在1941年对日德开战，从未支持过任何战争。

如果我能过另一种生活，并拥有现在的思想和情绪，那么我不会写历史或哲学书，而是要致力于建立一个男女联合会，自由地拥有宽容的神学或者根本没有神学，而且发誓尽可能遵循基督教的道德规范：在结婚前禁欲，在婚姻中保持忠诚，广行善举，和平反对任何战争，但明显的防御战争除外。我能想象这段话会给世界上的智者带来多大的乐趣，我知道我提出的这种半圣徒似的联合会并不受欢迎，而且十分危险；可我宁愿在改善人类和政治家的行为方面贡献一点儿绵薄之力，也不愿意写一百本最好的书。

第
八
章

**论
宗
教**

CHAPTER EIGHT

On Religion

一些宗教，譬如早期的佛教，并不笃信造物主。事实上，1967年3月31日，有消息称，南越的佛教徒拒绝在他们的新宪法中承认造物主。我没有资格评论亚洲的宗教，可我对基督教有一定的了解。

阿里尔讥笑我依然坚持婚前不应发生性行为，她或许是对的。在童年和青年时期，修女和神父一直训导我要虔诚，我对他们有最美好的回忆。我在马萨诸塞州和新泽西州上过教区学校。我每每都带着几分怀旧之情，回忆学校里那些温和的女孩子，关于圣母玛利亚的美好祷文，以及由尽心尽力和受人尊敬的老师带领，我们这些男生女生（当时只有两种性别）一起唱颂令人愉快的赞美诗。回忆起在学院和大学里的生活，我很感激在那里接受的耶稣会学院教育家的七年教导，不过我在大学二年级（1905年）独立阅读了达尔文和斯宾塞作品，之后，我所接受的神学渐渐被它们溶解了。

呈现在我们面前的都是基督教最好的一面，仁爱的上帝、仁慈的基督，善良、贞洁和孝顺的伦理道德。很少有人提到撒旦或地狱的内容，或许那些虔诚的修女从未听说过宗教裁判所。她们很宠爱我，因为我聪明、机灵，又爱惹麻烦，或许她们知道我的父母希望我成为一名神父。于是，她们带我去她们神秘质朴的女修道院，给我吃了让我决定成为神父的馅饼。

在我认识的神父中，最优秀的就是詹姆斯·穆尼（James Mooney）神父（后来的主教），他为人严肃，却很仁慈，是个苦行者，极为虔诚，在西顿霍尔大学和神学院工作时，非常努力。我之所以在1909年进入这所神学院，一方面是为了让他满意，另一方面是为了避免家庭危机，再者是希望能让美国的天主教教会和社会主义运动合作。早在1906年，我就认为这个世界的希望在于社会主义之梦，而不是基督教教义；所以当天堂坍塌之时，乌托邦就出现了。1911年，我发现不可能再继续假装我的正统信仰了，所以就离开了神学院，此事伤了我父母的心，我自己也陷入了多年的精神上的混乱和孤寂之中。

那些在青少年时期接受过深刻天主教教育的人始终无法彻底从信仰崩塌中恢复过来，因为天主教是最吸引人的宗教，拥有丰富的戏剧、诗歌和艺术，不苛责肉体。无疑，我们这些与信仰剥离的人现在把这种信仰理想化了，忘记了其中荒唐、恐怖和不包容的元素，却记得那些教义和仪式，因为它们可以让我们成为宏伟叙事诗的一部分，最简单的生活因此有了意义和尊严，它训导我们成为正派的人，给数百万遭受苦难、丧亲之痛和失败的人带去慰藉。

在我看来，"上帝之死"和基督教在受过良好教育的教徒中缓慢衰败构成了西方现代史上最意味深长的悲剧，这比两次世界大战或资本主义与社会主义之间的竞争都要深刻得多。1931年，在撰写《论生命的意义》(*On the Meaning of life*) 时我就有了这种感觉，并且询问欧洲和美国的杰出人士，在上帝业已消失的今天，生命对他们意味着什么。从1906到1931年，我经历了在随后的年月里折磨法国存在主义者的种种迷惑、痛苦和无法弥补的失落感。

我尝试紧紧抓住年轻时信奉的宗教，认为其基础教义通俗地表达了哲学真理。我可以把"原罪"重新描述成人类的遗传倾向，即生性好斗、滥交、贪婪，在人类历史上的狩猎阶段，这些性格特征或许是必要的，可在有组织的社会里，就需要加以控制，从而保护社会成员远离暴力、偷盗和强奸。我们一生下来，血液里就带着祖先的恶习。"我们最早的父母"因为吃了智慧之树上的果子而被赶出天堂，我从这个典故中看到了《传道书》(*Ecclesiastes*) 中带有严厉警告意味的先见之明："知识越多，痛苦越大。"因为知识可以摧毁快乐与天真，破坏可以带给人抚慰或激励的错觉。至于亚当的"罪"，按照我

> 天堂和地狱并不是存在于另一个世界的某个地方，而是常常与这一世的善与恶有关的思想状态。

的解读，他和我们很多人一样，都会拜倒在女性的魅力之下，如痴如狂，而这是可以饶恕的。

在我看来，天堂和地狱并不是存在于另一个世界的某个地方，而是常常与这一世的善与恶有关的思想状态。我可以认为基督是虔诚的化身，因为除了拒绝他的母亲（见《马太福音》第13章），对地狱口吐了几句怨言（见《马太福音》第13章；《马可福音》第9章；《路加福音》第16章）之外，他都在宣扬行为守则，如果这种行为守则能得到普及，那么即便贫困，人间也会变成天堂。我可以赞美基督教，因为它把道德观念转化成了图片、故事、戏剧和艺术，从而赢得了更为广泛的接受度，因此有助于抑制人类有损社会利益的冲动。从这个意义来说，我可以把教会领袖当作宗教政治家，不管他们相信什么，他们都会把《圣经》、神学和意识作为手段，将生性野蛮之人转化成负责任守秩序的公民。我有时梦想通过"君子协定"让宗教和哲学和解，所谓君子协定，就是有良好教育背景的人会不加评判地接受简单之人那些形象化和起抚慰作用的教义，而教会（天主教、新教和犹太教）则不要妨碍那些有时间和有能力进行抽象思考的人在圈子内和出版物中的思想自由。在基督教的历史上，有些人和地方在一定程度上执行了这样的协定：比如，教皇利奥十世统治下的意大利，维多利亚女王时代的英国以及施尼茨勒和弗洛伊德时代的维也纳。

唯有类似的妥协才能让我接受天主教会即将控制美国人的生活这一现实。天主教会已经控制了南美，在墨西哥和法属加拿大也拥有强大的影响力。在美国，其未来的统治地位因其信徒较高的生育率获得了保障。普林斯顿大学1967年4月公布的分析结果显示："罗马天主教徒的妻子的生育率比非天主教徒的妻子的生育率高21%。"[1]

信奉天主教的女性越来越多地采取了避孕措施，所以天主教徒和非天主教徒之间的生育率差距在逐渐缩小。然而，相比受过高等教育的阶层，教育程度较低人群的生育率普遍较高，教会谨慎地反对机械化的避孕方法，而天主教众和神职人员普遍具有团队精神，由此可以看出，即便涨势缓慢，天主教徒在人口中所占比例还会继续增加。很多较大的城市已经由天主教控制；这样的控制在近期内将会扩展到很多立法机构。到了2100年，就连国会和总统也都可能是天主教徒。在法属瑞士和西德，类似生育率战胜宗教改革和启蒙运动的事情也曾发生过，生育率战胜了加尔文和路德，或许还会在法国嘲笑伏尔泰。

那些胜利的神父都是些什么人？他们是否像教皇利奥十世和教皇本笃十四世一样宽容？或是像教皇格列高利七世和教皇伊诺森三世那样武断和专横？现如今，天主教的主教团都很不宽容，他们至高无上，在西班牙和南美就是这样。如果其他宗教、世俗教育或当下科学的影响力对天主教的权力构成了阻碍，那么天主教就会赞成和需要宽容了。但科学的影响力或许会毁在史无前例的残酷战争之下，大学里世俗教育的独立性越来越受到成员多为天主教徒的立法机关的影响。我们早已见识过，在美国，联邦政府本想对教育提供援助，却因受到天主教势力的影响而延后。最后，总统和国会不得不同意也向天主教院校提供援助，这样的做法显然违反了政教分离的宪法规定。教会财产免于缴税似乎也违背宪法，因为这其实是政府对宗教的援助；这种免税财产的扩大会增加纳税人的负担，而且会越来越重。在美国，教会免税财富持续增加。到了21世纪，法国在1792年遭遇的危机可能会重现，尽管国民的税收高得令人难以置信，政府却依然难以履行其应尽的责任，而与此同时，庞大的教会财产却享受着免税待遇。

无论如何，我都觉得"上帝之死"就和马克·吐温之死（有家报纸在马克·吐温在世之际就报道他已经去世了）一样夸张。所有人，即便是双胞胎，在生理和心理机能的某些方面也是不同的，地位和财富的不平等似乎是不可避免的，除非有一个足以消除所有自由的专制，但这样的专制无法持久。生活水平在和平时期或许可以提高，可贫穷的国家和阶层（即使比以前富裕得多）依旧会不满，抗议他们被排除在富人的财产和特权之外。

历史上，这种"物质条件差"的国家和阶层都从超自然的信仰中寻求慰藉，通过和神秘力量的联系来提升自己的尊严，并通过期盼在另一个世界获得更多财富来减少这一世贫穷所带来的痛苦。和贫穷一样，慢性病、畸形和痛苦也可以催生出这样的信念，社会遗传可以维持这些信念，即便是在经济繁荣的国家也是如此。超自然的宗教的功能是如此之多，以至于怀疑论者必须学会与之和平共处，只希望基督所散发出的爱能克服对强大信仰的可怕偏执。

第九章

论基督再临

CHAPTER NINE

On a Different Second Advent

1883年，自伊曼努尔·康德以来，欧洲最重要的哲学家弗里德里希·尼采称"上帝已死"。[1]五年后，他预测在历史被划分为"尼采前和尼采后"之际，"上帝已死"这一刻就会到来。[2]他自信他对基督教和民主的攻击可以毁灭那些教义，而20世纪将会见证这二者的消失。

他的预言或许会得到证实。半数基督教世界已经正式反对基督教，在剩下的一半中间，"上帝之死"则是神学家的主要话题。半数基督教世界已经否定了民主，认为民主不过是对金钱至上的一种粉饰，而在由拉丁国家组成的另一半基督教世界里，民主正逐渐被专制统治取代。几乎所有欧洲和美洲国家都认为基督教的伦理道德与其军事方面的活力和图谋格格不入，并且接受了尼采的"权力意志"有"自主道德"。两次世界大战重创了基督教。如果有第三次，则可能会终结基督教，使之成为历史上的一个存在。尼采的时代开始了？

现今，西方人的灵魂经历了双重幻灭，因为在他们的一生中，他们不仅失去了儿时的光明信仰，还失去了青年时充满希望的乌托邦。我们又该到哪里寻找一种信念来激励我们，寻找一种良知来给我们体面，寻找一种新的献身精神来给我们渺小人生以高贵？

为宗教制定教规，就像起诉整个国家一样放肆——尽管后者在这个意识形态的时代里并不罕见。哲学家不会开创或改变宗教；这种划时代的变革需要数百万人心中深切的渴望，需要一些圣徒的道德激情和一些组织天才的耐心妥协。所以基督的消息传到了沮丧的希腊化世界里，那里依旧在沿袭《摩西律法》(Mosaic law)，后来，保罗扩大了希腊化的世界以欢迎所有人。宗教不是出自智者之手，否则它们将永远无法触及灵魂、影响大众，也不能绵延后世。一个没有不可思议的元素的成功宗教，恐怕令人难以置信。创造性的信仰必须激发想象力，必须叠加幻想和诗意，面向身受繁重无聊工作之苦、遭受痛苦失败生活之人。我们不能指望宗教成为科学命题的主体。

然而，我们可以要求宗教软化人们的心灵，鼓舞勇气、良知和善心，要求宗教让强者更慷慨地对待弱者，要求宗教缓和毫无人性的竞争和残酷的战争，因为唯一真正的进步是道德的发展，所以忠于这些目标的宗教才是最好的信仰（在其他条件不变的情况下），才是对抗这个喜倾轧、好战争世界的一剂解药。

基督教的道德教义精确地呈现出了这样一种宗教。如果我们检视记忆就会发现，在我们的本土信仰中打动我们的并非教义，而是基督的道德规范和故事，是践行天下一家的挑战，是看似不可能存在的典范生活。难以想象人们如何在现代精神信仰的基础上改进这一信仰纲领。纵观心灵在哲学和信条中的探险，唯有基督一直是历史上最具吸引力的人物。与其说我们需要一种新的宗教，不如说我们需要在本质和简单性上回归旧的宗教。在世界各地，引发人们对基督的兴趣很容易，但让他们对基督教的神学部分感兴趣就难了。毕竟全世界乐意聆听的是为了世人和善、国家和睦而死的人的故事。而当今世界在渴望什么？

让我们"看幻象，做美梦"。我们想象一个又一个基督教教派热烈的会议，他们将基督教重新定义为真心接受基督道德理想的宗教，并邀请所有人加入基督教，不论种族、信仰，只要愿意将基督的道德理想作为他们行为和发展的检验标准和目标。

我们想象着这样的邀请张贴在数千座教堂、寺庙和清真寺的大门上，至少在美国要这样。伊斯兰教早就接受基督为最至高无上的先知之一，如果基督没有被塑造成仇恨和宗教裁判所的代理人和象征的话，犹太教或许会骄傲地宣称基督来自犹太教（的确如此）。我们并不建议放弃神学；我们希望建立一个宗教团体，在那里所有成员都可以自由地形成或坚持他们自己的神学或哲学，宽容地给予他的同伴同样的自由。如果这看起来不切实际，那就想想互助会和服务社，这些组织都很成功，讲求企业精神和仪式，而且包容各种宗教信仰和政治派别。我们是否应该在世俗的协会中践行基督教兄弟会的模式，并且将其排除在教会之外？

我们设想各教派的仪式以同样的方式保持其独立性和多样性，可在他们一般的聚会上，越来越强调他们共同的道德元素；允许那些喜欢它的人从诗意或象征性的角度解读他们的神学，恢复每周一次的共同用餐作为统一的仪式，如同在中世纪，使用和鼓励所有艺术予以他们的梦想以内容和色彩。

我们设想由宣扬基督道德准则的教派组成一个伟大的信仰联盟，设想一个教会因全新的整合力量而充满活力，以迎接奇异的邪教和民族主义者所带来的竞争；设想教会可以让美国或欧洲的所有种族都加入进来，奉行同样的道德准则，以帮助人们摆脱腐败和暴力，从而使我们的文明免遭破坏。我们相信，这样的基督教能吸引如释迦牟尼和卡比尔、老子和卡加瓦（Kagawas）、柏拉图和齐诺、斯宾诺沙和爱因斯坦、杰弗逊和富兰克林、林肯和惠特曼、托尔斯泰和泰戈尔这样的人物。我们看到知识分子阶层返回庙宇，高兴地和那些最简单的信徒融合在一起，乐于在思想多样性中感受灵魂共同体，愿意再次相信和敬畏，依然全心全意地尊重一个即使每一代人都反对也永远不会消亡的理想。

我们不能期盼很多人在近期就能以山上宝训[3]为真正的生活准则，那么如果我们把基督教定义为对基督准则的实践，我们就不会坠入不切实际的完美主义了吗？当然不会了，因此我们认为基督教是真心接受基督的原则。或许基督的这些准则面向的只是他传道的门徒，而不是针对世俗人。对我们这些世俗人来说，我们只能承诺尽最大努力，固执地把所有的人当作兄弟，而这就是基督教所要求的。如果要求所有人在无私这个问题上都能达到圣贤的高度，那就等于是在谴责基督教一直以来都很虚伪。

即便是那些宣扬和平与善意这些福音的人，我们也不应该期待他们能真正实践基督的忠告；在基督说到地狱的那一刻，他自己也没有做到这些忠告。我们相信很多圣徒，比如圣方济、斯宾诺沙和罗摩克里希那 (Ramakrishna)，会出现在这样的道德信仰中，可我们太了解自己了，所以不会期盼很多人也能如此。我们至多认为，我们的老师和领导人灌输基督教准则的行为不会受到任何限制，而且如有必要，他们会离开豪华的讲坛，像基督一样，沿着人类的大路小径，一路布道。我们也相信，一个得到强化和纯化的教会将尊重科学、写作和言论方面的思想自由，并认识到善与美将在圣贤、反叛者、诗人、先知和圣徒身上散发光辉。新教会欢迎人们将第二部《圣经》的素材收集起来，并记录下各个种族最鼓舞人心的思想和行动。谁将成为普卢塔克(Plutarch)笔下的历史道德英雄？

我们知道，我们的傲慢与偏见，我们可怕的仇恨和并不情愿的无知，在多大程度上阻碍了这个梦想的实现；我们并不指望基督再临在世人眼前上演。可在某种程度上再临已经开始了。在美国和欧洲，数千位神职人员已经准备好，并渴望建立奉行基督道德规范的基督教。正是我们这些凡夫俗子拖了他们的后腿，我们坚持继承正统观念，不愿意和那些与我们持不同信条的人坐在一起。因为我们在受到挑战、需要坚持信仰反对战神的那一刻，基督教才会四分五裂，日渐式微。

我们必须给予领导人勇气以引领我们，为我们重新创造一个基督可以理解的基督教。让我们以最谦恭的态度、最大胆的词句来鼓舞他们，以一首最具基督教意味的圣歌献给最虔诚的基督徒：

> 亲爱的兄弟，我的精神和你的精神永在……
>
> 我以怀着喜悦的心情喊出你的名字，哦，我的伙伴，
>
> 我向你致敬，

向那些和你一起的人致敬，以前的、以后的和将来的，

我们大家共同劳动，传递同样的职责和传统，

我们这些人是平等的，无时代之别，无地域之分，

我们，包含了一切大陆，一切阶层，容许了一切神学的存在，

我们是人类的博爱者、感知者、共鸣者，

我们在各种论争和主张中保持沉默，

我们不排斥任何论争者，也不摒弃任何主张；

我们听到咆哮和喧嚣——我们被各方面的意见、嫉妒所影响，

各方互相指责，

他们蛮横地逼近我们，包围我们，我的伙伴，

但我们仍不受拘束，自由地行遍全世界，我们行遍四方，

直到我们在时间和各个不同的时代留下不可磨灭的印记，

直到我们浸透了时代，若干年后，

各种族的男女也像我们一样，彼此成为兄弟和爱人。

第十章

论宗教和道德

CHAPTER TEN

On Religion and Morals

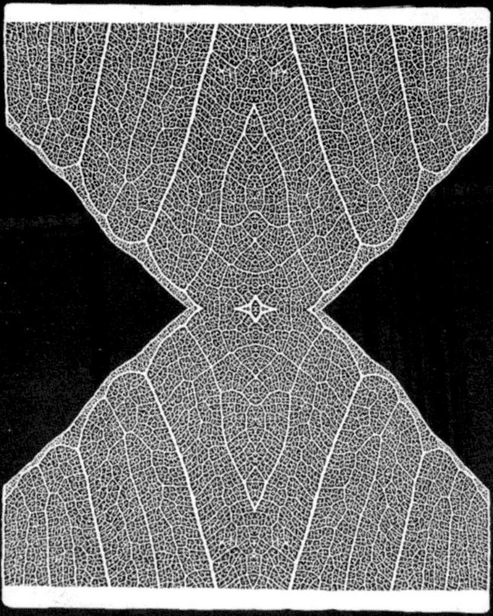

从历史上来说，宗教就是崇拜超自然的力量。韦伯斯特 (Webster) 说道德是一种品质，是符合人类行为的正确典范和原则。可谁来确定哪些典范是正确的？个人？莽撞的人认为他们的良心认可的行为就是正确的；可如果按照这样的逻辑，卡萨诺瓦 (Casanova) 和萨德 (Sade) 侯爵也是有道德的人了，因为他们一直在试图实现他们颂扬的典范，在其他义务允许的情况下，尽可能勾引和哄骗女人。

Moral（道德）这个词来源于拉丁语 mos 或 moris，意思是习惯。我们或许会同意，在既定的时间或地点，道德意志取决于群体中普遍存在的风俗、习惯或标准。从个人角度来说，我认为应该把道德定义为私人行为和团体理解的公众利益保持一致。这意味着个人承认其生活、自由和发展取决于社会组织，而作为回报，他愿意调整自己以适应社会的需要。

在这个定义的基础上，教会可以将其自身打造成为不可或缺的道德壁垒，从而给人留下深刻印象。根据这个定义，西欧和美国现在这种道德败坏主要是因为道德信仰的沦丧，而在所谓的灾祸中，那些不可饶恕的罪犯都是 18 世纪的启蒙运动者，以及他们数以千计的知识分子后裔，他们加入了对教会的攻击。我能想象到愤怒的红衣主教如何斥责那些异教徒：

你们这些傻瓜！你们什么时候才能足够成熟，从而了解到你们的个人安全和生存实则是社会秩序的礼物；了解社会秩序只能通过家庭、学校和教会的影响力来维持；了解没有任何法律和政客可以替代父母、教师和神父灌输的道德准则；了解攻击这些有助于个人发展、起保护作用的机构，实则是在破坏无数个世纪以来形成的由劳动和智慧筑起的堤坝，而这个堤坝是用来抵挡潜藏在人类心中的利己主义、不守秩序和野蛮的冲动？如果父母的权威遭到"自由"的年轻人的抵制，年轻的无赖流氓把学校里教师的生活变成日复一日的折磨；宗教领袖受到嘲笑和诽谤，基督教义赖以维持生命的结构被削弱；公职官员对他们的腐败行为一笑置之，有组织的犯罪比你们的警察和法庭还要强大；文学和剧院用煽动性的手段让男人发疯，色魔强奸、勾引和抛弃了你们的女儿；因为害怕遭遇抢劫、攻击和暗杀，晚上不敢上街，你们要怎么办？届时你只能做一件事：带着悔悟的心回归宗教，祈求教会把基督的爱和来自上帝复仇的活生生的恐惧赐给你们的孩子。

这样的话让我深受触动，因为我也向教会扔过鹅卵石，现在我根本不相信，与宗教信仰剥离的道德准则可以控制人类的反社会冲动。我是"不可饶恕的罪犯"，还是"傻瓜"？

我或许会辩称，我只是在《信仰的时代》(*The Age of Faith*) 和《宗教改革》(*The Reformation*) 中试图公平对待天主教会。我的《伏尔泰的时代》(*The Age of Voltaire*) 一书有七百九十九页，其中一百八十二页都是对基督教的攻击，因为这种攻击是18世纪最重要、最广泛、最深刻、影响最深远的事件。不过在书的后记中，我是以相当多的同情态度为教会陈述了这一情况。我永远都决定不了是做一个反对教权的英雄，还是做一个对已被抛弃的典范心怀秘密情感的拥护者。

那个典范会被废弃，是因为它已经抛弃了自己。教会在耶稣无与伦比的道德规范上覆盖上了一层结构复杂到令人难以置信的教条，这些教条和圣保罗的观点相呼应，而且大部分都是基督所不熟悉的，同时，宗教组织和政治警察这无处不在的沉重负担压在人类身上，教会已经准备好通过国家的力量监禁、没收和杀戮，来禁锢任何独立思想。地方上的神父和修女依旧记得 (往往还在实践) 基督教，可统治集团却已经忘记了基督教，因为他们只是渴望不容置疑和绝对可靠的权力。

教会起始于和平之主基督，他吩咐彼得收刀入鞘；当使用刀剑、长矛和枪镇压法国的阿尔比派和西班牙的犹太人时，教会就成了一个战士。拿撒勒的卑贱木匠被教皇所取代，教皇的收藏比大部分君主的还要丰富，控制的财富比大多数国家还要多。在压迫者和受压迫者的纷争之中，统治集团几乎总是支持压迫者，镇压受压迫者。人文主义者和人道主义者在解放思想和农奴方面的成功，使得人类有勇气要求抑制这一教条的、蒙昧的、不宽容且反动的势力。

这种势力的衰弱是我们道德滑坡的主要原因吗？不是，这只是众多原因中的一个，但不是主因。我们道德沦丧的主因是工业革命，而且工业革命的影响力还在扩大。工业革命所引发的经济动荡的每个方面几乎都对道德产生了影响。举例来说：

1. 从农村的相互监视到城市人群中个人的隐匿，这几乎终结了邻里舆论对个人行为的控制力。

2. 1900年以前，在农场里家庭是经济生产的单位，父亲的权威因为其掌握的经济领导权和家庭的团结而得到加强。在工业社会，公司和雇员是生产单位，家庭成员分散从事不同的工作，儿子不再在经济方面倚赖父亲，父母权威就失去了经济基础。

3. 在农场，年轻人几乎一到生理成熟的年龄（即具有生育能力），就能实现经济独立（即可以养活妻子和孩子），一般都是早婚，婚前禁欲也不像在当代工业社会这么难；在工业社会，经济独立延后，婚姻也就推迟，这使得禁欲变得非常困难。

4.在农场里，妻子是得力助手，属于经济资产；孩子们在五岁后也会变成经济资产；相比现在，那时没什么理由晚婚或节育。

5.晚婚和家庭的限制传播了避孕知识和避孕工具，消除了禁止婚外恋的恐惧制裁。

6.公司和个人之间的产业竞争强化了盈利动机和其他个人主义本能，打破了商业行为中的道德约束。

7.生产和分配方法的改变带来了财富，成千上万的男人和女人有能力沉溺于他们先辈无法承受的道德越轨。

8.通信和交通的改善使得一个地方的不道德和混乱广为人知，可能促使其他地方也出现类似的越轨行为；这些改善也方便罪犯实施犯罪，逃离现场。

9.教育的普及，在扩大戒除犯罪的阶层的同时，也让新一代人越来越了解道德准则的历史和地域多样性以及人类的起源；传承下来的道德准则因此被削弱，人们对它所谓的神圣的制裁和来源产生了很大怀疑。

10.科技扩大了和非人化了战争，在很大程度上提高了人类杀戮和毁灭的能力。

现代战争的性质和爆发频率仅次于工业革命，是引发道德沦丧的原因。为了打这样一场战争，大量年轻人受训使用致命武器，热情而毫无愧疚感地去杀戮。幸存者回归普通的生活，但依旧保持着战争中形成的习惯和脾性，他们发现自己很难在富裕的环境中甘守贫穷，便把在集中营和战场上学来的方法和原则应用到城市中。军人的威望和影响力提高了，他们的思维方法和缺乏道德的考量影响了政府和民众。说谎成了国家的主要工业。新闻和历史遭遇歪曲，民众被灌输对敌人和竞争对手的恨意，而敌人和竞争对手今天是这一个，明天就换成了另一个人。民族主义凌驾于道德之上，推迟了社会改革，成为比任何教会都要强大的宗教。

从古老而熟悉的事实中，我们可以得出一个结论，即便宗教信仰没有因宗教和哲学间的冲突而受到损害，道德也会发生变化。显然，古老的道德准则已经适应了农业社会，如果不作许多改变，就不可能适合现代工业生活的种种状况。因此，我们应该说道德在改变，而不能称道德败坏了。当前的时代正冒险尝试找出个人自由与社会稳定、女性保护和个人财产安全间的适应程度。

这样的转变必然会引发过渡性的骚乱和一些鲁莽的极端行为，极端行为往往会自我抵消，变得温和，骚乱则可能会推动新的的行为准则出现。"两年兵役"这一提议或许就是这种新的行为准则，可这也可能为专制政府的形成创造条件。年轻的无政府主义者（拦路抢劫的强盗除外）获得了经济能力和地位，成熟后拥有了充满智慧的观点，了解人类的本性和局限，或许就会调整自身，适应工业和为人父母的行为准则；今天的激进分子或许会成为明日的自由主义者，垂暮之年还会成为犹如惊弓之鸟的保守派。如果真正活过的话，年轻时谁不叛逆？

尽管政教分离，但美国政府已经维持了近两个世纪的稳定。我不确定，可我相当期望，通过减少贫困和扩大教育，我们的工业社会能够逐渐形成世俗伦理，并且和神学道德一样切实有效。我们不必想象以前的人比我们有道德，历史学家也没有这样的发现，每一代人里的年长者都觉得他们被抛给了魔鬼。既然已经从压迫的等级制度中解放出来了，我们就不会为了逃避危险的自由而向慈爱却专横的母教寻求庇护，那里虽然宁静，却也令人窒息。

1917年我出版了一本小书，在其中我就苏格拉底的两个观点进行了探讨，一是智慧是最高的美德，二是心智教育可以形成自然道德的基础。我带着骄傲之情，饶有兴味地读了我的观点。必须承认，正如大卫·休谟和亚当·斯密分析的那样，我低估了同情在道德情操中的作用。我意识到欲望、本能和热情是人们行为背后的原动力，甚至是人类理性背后的原动力。可我将智慧定义为通过"预测影响"来协调欲望，是一种延迟的反应，能让人对形势有更充分的认识，进而作出更充分的回应。智慧并不是行动的原因，而是各种行动原因的和谐有效统一。

这样的智慧难以教授，却可以在不同程度上教导人们实现不同的心智发展。让年轻人理解，社会稳定和道德约束的盛行是个人安全的先决条件，而道德上的自我约束是个人发展和个人价值实现的最可靠的保证之一，这似乎并非不可能。事实上，总的来说，犯罪和不道德行为在一个国家受教育程度最高的阶层里的发生率最低。想想看，如果教授自为道德的时间和教会灌输超自然准则所花费的时间和精力一样多，那么自为道德会产生什么样的作用呢？从幼儿园到博士，每个年级每周利用一个小时进行道德学习，使用一系列由简到繁的教科书，内容从简单的初级读本到成人阅读的论著，编撰者是行为端正的哲学家、神职人员和企业家，最后会由厌恶说教和有写作天赋的人进行改写，并配有思想大家和道德领袖的传记，诸如孔子、释迦牟尼、苏格拉底、耶稣、亚西西的圣方济各、迈蒙尼德、斯宾诺沙、南丁格尔和史怀哲，读来津津有味的传记会使课程具有人文关怀。我梦想着有一天，所有教会每周抽出一个小时，欢迎不同教派的人或无神论者来讨论人类行为的实践方式，即使是在世俗的世界里，也可以接近基督的理想。如果越来越多的新一代会接受越来越多的教育，那么就有理由相信道德会进步。

人们永远不能满足道德家的要求，因为道德违背了自然规律；而我们天生就适合在森林和田野里以狩猎为生，而不是在城市、办公室和工厂里过机械化的生活。可道德重建的问题必须解决，因为归根结底，道德和文明是一回事。

第
十
一
章

**论
道
德**

CHAPTER ELEVEN

On Morality

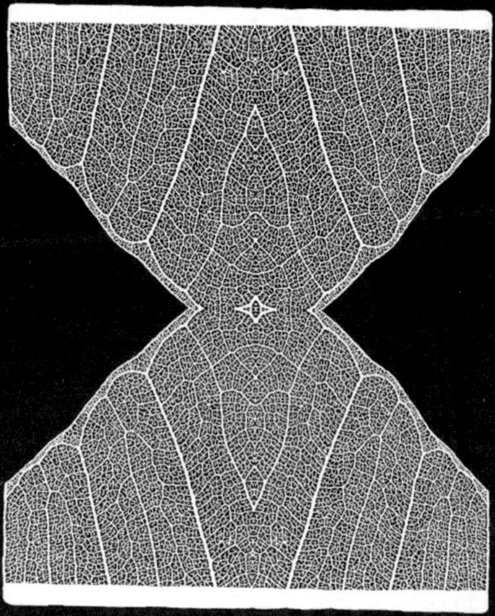

从前面的探讨中我得出了两个结论：第一，失去了农业基础和乡村环境，曾经清教徒式的道德准则逐渐解体，所以我们的道德衰退是必然的；第二，曾经清教徒式的道德准则在进行了代价高昂的反复试验后，慢慢演变成了一种更适应当代工业和科技的新准则。这种新准则的背景是城市或郊区生活，青春期延长、家庭成员减少、教育高等化、宗教受到质疑、新闻自由化、出版物丰富多彩、通信和交通方式得到普及和发展，前所未有的舒适、机遇和财富在社会上扩散开来。这些环境推动了革命性的商业活动，年轻人承担了这些活动所带来的冲击。

在评判这一叛乱之前，我们应该提醒自己，叛逆是年轻人的天性，是他们的职责和义务，就好像提供阻力平衡和审核是老年人的本能，而中年人则要在稳定和自由、停滞和尝试之间寻找可行的妥协。一切都在变化，环境也总是在改变，老年人已经习惯了过去的环境，无法调整内心来适应外部变化；年轻人虽尚未完全定型，却可以给遗传增添变化，给模仿和传统加入创新，即便犯了错，往往也有时间重新站起来。我们这些上了年纪的人应该感激，毕竟并非是我们的肉体和灵魂在承受变化的冲击。

因此，就我本人而言，在坚持旧有道德准则的同时，并不指望年轻人也能这么做。年轻人那种由颤抖、抽搐和相互碰撞构成的舞蹈，让我不寒而栗；我逃离他们的音乐和艺术，这二者都是创作前的混乱的遗迹；我捂住耳朵，不听他们骂人的话；我不耐烦地等着他们发现，放荡不羁的生活方式古已有之，他们此举纯属装腔作势，骄傲地背离公认的礼仪，不过暴露出他们内心深处对自身价值的怀疑。我劝他们像加拉哈德 (Galahad, 亚瑟王传奇中的骑士) 一样纯洁，如果他们能老练地应付大二学生浅薄的奚落，自制不会对他们造成伤害，但我也料到他们不会把我的话当回事。我知道，生理成熟和经济成熟之间日益扩大的差距，使得婚前性行为成了新准则。

男孩子荷尔蒙旺盛，热血沸腾，不知道为什么不应该找有同样苦恼的女孩子一起消除烦恼。我提醒他们，这样的双人舞会让慷慨大方和粗心的姑娘染上性病；也可能因怀孕而不得不去做危险的堕胎手术；或是仓促结婚，遗恨无穷；或是低三下四地找份工作，除了能为姑娘提供一间遮风挡雨的陋室以外，一无所有。我坚持认为绅士应该控制自己，不要和那些会因为他们短暂的欢愉而名誉不保或嫁不出去的年轻女子发生性关系；我一直认为劝阻婚外恋是明智的行为，因为这有利于灌输诚实的美德，尽管我们都知道谎言非常多。

在推动年轻人禁欲方面，除了沉默和遮遮掩掩的政策，我们的祖先找不到更好的办法。这么做太虚伪了，但这么做减少了对性冲动的刺激，使得婚前禁欲变得更易忍受，它以文明的礼貌和含蓄的语言美化了两性关系，这些是除西部牛仔片之外18世纪社会的魅力所在。当然这种方法约束不了对女性献殷勤的人。现而今我们采用了另一个极端，用电影、戏剧、杂志和书籍来引导年轻人，我们给年轻人的感官和思想送去了关于性的无数种正常和不正常的建议。很少有人敢建议对这样赚钱的自由加以限制。

现代对自由的颂扬使得父母失去了为孩子挑选伴侣的权利。男孩和女孩可以自由结合，直到离婚或死亡，这主要是基于女孩子的身体魅力被男孩子的性渴望放大了（女孩子会考虑她的追求者的经济前景，因此为现实主义贡献了一分力量）。近来，订婚男女往往都已发生了性关系，性方面的熟悉导致了冷漠，年轻人可以自由地去探索新的领域，很多婚约因此被解除。我认为，在孩子结婚的头几年，父母应该为他们提供经济帮助，不过资助额应逐步减少，从而降低他们在延长的经济"青春期"里所遭受的痛苦，不过条件是孩子们应该承诺未经父母同意不能结婚。我们必须为恢复父母权威找到一些经济基础。

我很偏爱大主教对离婚的观点，只有在个人和国家极其需要的情况下，婚姻才能废止（亨利八世请求再婚，以便生下男性继承人，确保王位能被继承下去，而教皇克莱门特七世拒绝了这个请求。这是一个代价昂贵的错误）。我相信，大多数人离婚后遇到的困难和之前的一样严重，我们把前一段婚姻的问题带进了第二段婚姻。我承认，住在同一所房子或房间里的两个人，每天看到的是同一张脸、同样的装潢，这为适应能力带来了不同寻常的负担；可婚姻破裂所带来的问题往往比其能解决的问题还要多，比如关于婚姻生活的记忆碎片，比如与孩子有关的所有心理上和经济上的烦恼。与其从一个战场跑到另一个战场，不如在原来的战场上战斗到底。在第一种情况下，双方很有可能达成妥协，多年以来的陪伴、责任和关心会让战斗者磨合出一份平静却持久的爱。我和阿里尔有过很多次争吵，可我们会设法在生活和文学中平息争吵。六十七年后，我们享受着一种愉快的平和，一份比年轻时的爱深沉得多的感情。

如今，生孩子再次变得流行，这是我们道德生活里的一个健康元素。我并非让你进一步加剧全球人口过剩的问题；三个宝宝足以满足你的配额，即便失去一个也在可以承受的范围。有了三个孩子，你就可以使用无损你和你配偶身体的任何避孕方式。即便是通过禁欲节育，也违背了自然规律，可除了走路和跑步，任何运动方式都是如此；文明得以存在，就是因为处处都对自然天性加以抑制。可是千万不要因为避孕而让自己被限制在生命的洪流之外。除了和配偶一起笑，一起哭，你这一生最深刻的体验莫过于孩子以及孩子的孩子给予我们的苦与乐。1946年7月2日是我一生中一个难忘的日子，我的孙子吉米当时四岁半，他坐在我的腿上，我们面对面，他感觉着我的温柔拥抱，用肯定而不失幼稚的语气说了一句让我惊讶的话："就算你死了，我也会记得你有多爱我。"

没什么能毁灭我对我们继承人的信任。我欢迎他们的激进抗议和反叛。但我们需要他们，也应该得到他们。我们给予孩子二十年的关心和教育，然后送他们去当兵，让他们在海外的战争中杀戮和死去。我们向他们灌输基督的美德，但商业上的欺诈如此之多，以致我们的政府必须插手干预，才能保护消费者远离欺骗性的标签、危险的汽车、有毒的药品，以及用化学品处理过的食物和劣质品，而政府本身却在腐败和谎言中挣扎。

与成年人的罪恶相比，孩子们的荒唐只是偶尔不成熟的表现而已。他们的很多叛逆行为将会被重复的无聊消融掉。他们会明白，骂人的话应该被冲进排水沟和厕所里，因为时间长了，它们就散发着排水沟和厕所的味道。致幻药很流行，但一定不会流行太长时间，我记得儿子路易斯那一代人会在康奈尔大学吃金鱼和唱片。因反战、经济低迷和种族不平等而进行"示威游行"是正常的；无人试图镇压非暴力批评，这也是对民主和资本主义的褒奖。然而，我无法认同很多年轻狂热者声称每个人都有权拒绝其良心无法接受的法律，如果是这样的话，没有哪个政府能够存在；正如民选议员所称，社会的判断高于个人的判断。和梭罗一样，个人依旧可以通过合法的抗议来表示不服从，但应该承担正当法律程序的惩罚。

我很痛心，如安德烈·纪德 (Andre Gide) 这样有才气的作家在他的早期作品[1]里，鼓吹我们应该屈从于每一次冲动和欲望，应该"做我们自己"。弗洛伊德的一些并不忠实的追随者也如此告诉我们。真是一派胡言！正如弗洛伊德所承认和宣称的那样，文明几乎时时刻刻依赖于对本能的压抑，智慧本身就可以区分出哪些欲望是可以追求的，哪些是应该克制的。几代人以来，尤其是在美国，年轻人都被这种重新加热却半生不熟的哲学误导了。

我把犯罪放在个人道德尺度的最后来说，是因为关于这一主题，我只能重复一些陈词滥调。有些犯罪可以归咎于贫困和机器取代了体力劳动。犯罪率激增，部分要归咎于地狱的消失和"上帝之死"，有些则是因为家庭和父母权威的衰退，也可能是因为心理分析学和哲学方面的荒谬之言的传播，还可能是因为文学作品和屏幕上的犯罪故事。我们每个人的心里都有一个无政府主义者，因此我们会同情一个用灵巧手段急于躲避警察的重罪犯。而对于警察，除非必要，否则没人喜欢他们。犯罪率激增的部分原因在于罪犯有了各种新手段可以逃离犯罪现场。也可能是因为我们的法律和法庭所具有的自由化倾向：反对几个世纪以来执政的专制政府。自从1789年以来，法律就十分注重保护个人不受国家制约；现在，我们的立法者应该再次保护我们的社区和国家远离不正当和犯罪行为。事实证明我们的律师很善于寻找技术性细节和增加上诉次数，从而让罪犯免于处罚。最近我们拥有的自由太多了，在家庭、学校和社区，我们需要重新树立权威。虽然我们不愿支付这些费用，可我们必须提高侦察力量以及警察的数量和薪水，对他们进行更多训练，配备更多装备。政府应该致力于审计政府各部门的账目，以此审查其行为。

死刑没有必要，可对重大犯罪实施的监禁不应该通过暗箱操作予以减刑，也不应该让谋杀犯用"暂时性精神错乱"为由来逃脱制裁。我们不应该让我们的刑事法典变成一部惩罚和复仇的机械，我们应该把罪犯视作精神障碍或发育停滞的受害者。我们不应把他们送进监狱，因为那里是罪犯的托儿所和大学，我们应该把他们送到安全封闭的国有农场，让他们在旷野中进行规律的劳作，这样既有利于健康和心态稳定，还可以存到一笔钱，以备犯人将来重新开始生活之用。

突然之间，似乎我们所有的文明都饱受威胁，威胁来自犯罪、战争、种族冲突、道德实验和城市的衰败。我们把这些可怕的问题转嫁给了我们的子孙，他们本身是那么无所依托，困惑不解。如果我们可以坚持相信教育，通过引导一代又一代年轻人，不管是白人、黑人，还是黄种人，我们或许就可以经由学校培养他们应对这些危险的智慧，让我们的生命升华，进而拥有人道的宽容、有序的自由、恒久的婚姻和有组织的和平。

第
十
二
章

论种族

CHAPTER TWELVE

On Race

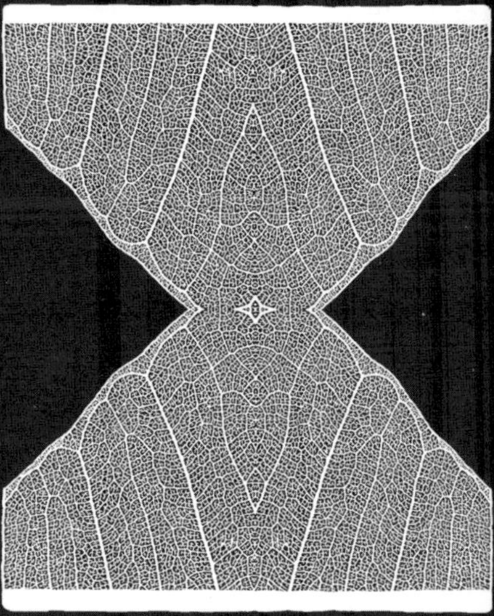

在人权问题的社会层面，我几乎堪称专家，因为我以微不足道的方式参与了1914年的人权运动。那一年，我开始在劳动神殿（纽约第十四大街和第二大道）作演讲，听演讲的观众和我的朋友中有很多少数族裔，不过绝大多数都是白人。我当时喜欢把所有人都叫"兄弟"，后来我意识到我使用这个词时带有一种令人讨厌的优越感。1943年我们搬去了洛杉矶，之后没多久，我和迈克尔·戴维一起组织了一次民权运动，我们称之为"相互依存宣言"，主张国家、种族和宗派必须学会相互合作，否则就会在周期性的冲突中消耗自己。我相信我用满怀热忱的笔写下了原则宣言：

> 通过对人的自由和尊严的尊重，人类已经取得了很大的进步，现在有必要重申这些显而易见的事实：
>
> 种族、肤色和教派之间的差异是与生俱来的，不同的群体、制度和观念是人类发展的激励因素；
>
> 推进和而不同是宗教和政治家不可推卸的责任；
>
> 既然没有人能表达出全部的真理，那么就有必要用理解和善意去对待那些观点与我们不同的人；
>
> 历史证明不宽容是暴力、残酷和专制的大门；
>
> 实现人类互相依存和团结，这才是守护文明的最佳方式。

因此，我们郑重决定，邀请大家共同行动。

通过互相体谅和互相尊重，维持和促进人与人之间的友谊；

捍卫人类的尊严和体面，不分种族、肤色和信仰；

与他人共同努力，消除所有因上述差异而产生仇恨，团结所有群体，在文明生活中公平竞争。

同样扎根于自由，同为圣父的孩子，流着相同的人类血液，因而我们再次宣布，所有人都是兄弟，相互宽容是自由的代价。

约翰·安森·福特（John Anson Ford），是洛杉矶县议会议员，因其献身精神和正直的品性而广受尊敬。埃瑞克·斯卡德（Eric Scudder），有着敏捷的头脑、受过教育的耳朵和宽广的胸襟，很快就在法律、音乐和公民事务等领域中声名鹊起。很幸运，我们和这两个人建立了积极的联系。拥有了这么强大的力量，我们组织了一次晚宴。期间，托马斯·曼（Thomas Mann）发表了讲话，贝蒂·戴维斯（Bette Davis）帮助业余的我进行了筹款。有了这笔钱，我们租下了好莱坞露天剧场，举行了一次公众集会，我们高兴地把1945年7月4日这一天称为"相互依存日"。

助理法官弗兰克·墨菲（Frank Murphy）从华盛顿赶来发表了主题演讲，并且谢绝了我们给他的一千美元酬金。一位天主教大主教、一位新教牧师、一位犹太教教士和一位黑人神职人员分别发表了讲话。新教、天主教、犹太人和黑人唱诗班进行了独唱和合唱；我带领一万八千名白人、黑人、基督徒和犹太教徒观众背诵我们的《宣言》（Declaration），作为在最高法院的大法官面前宣誓的誓言。一年后，教育委员会同意在洛杉矶的所有学校张贴《宣言》，H.大卫·克罗尔（H. David Kroll）出资一千美元给一千份《宣言》安装了相框。这让我们感觉我们与托马斯·杰斐逊（Thomas Jefferson）站在了同一历史高度。对于这次活动的成功和精彩的演讲，我们十分骄傲，暂时松懈了下来，而与此同时，种族骚乱从四面八方蔓延开来。

我和迈克尔自然都是天真的理想主义者，我们从未注意到种族问题有多严重。我们以为每年一次的布道和唱诗能够在我们遇到奇怪和危险的事情之际，冷却我们沸腾的血液。我们一直住在北方，从未感受到经济奴役、政治剥夺和社会欺辱。对于白人的恐惧——

黑人的势力在北方越来越大——我们一点儿概念也没有。我们低估了黑人生来低贱和无可救药的宣传的广泛性，很多人都毫无困难地接受了这一点。我们从未生活在一个房地产价值因少数民族渗透而下跌的地区。但我们见过很多成功的黑人医生、律师、神职人员和公职人员，并为这样的人越来越多和发展迅速而欢欣鼓舞，可我们从未感受过私刑的恐怖，不晓得被耻辱地拒之酒店和餐馆门外是什么滋味，也不知道哈莱姆和沃茨黑人居住区里绝望的贫穷。我们在工作中迷失了自己，陷入了一种无意识的满足感，觉得自己属于当地占统治地位的种族。

所以，在我慢慢成长的过程中，这个问题日益扩大，长出无数个头颅。在南方，黑人随时都可能被白人杀害，而白人被他的"同辈"（白人）陪审团定罪（如果被逮捕的话）的风险微乎其微。如果黑人想要注册成为选民，肯定会被众多歧视性要求搞得泄气不已；如果黑人真的得到并且行使选举权，十有八九会失去工作和谋生的权利。住在黑人占多数居住区的白人，宁愿应对各种暴力，也不愿让黑人来管理城镇；一想到被黑人强壮的手臂抓住，白人女性就会瑟瑟发抖。所以，在有了足够的体力劳动者之后，南方鼓励黑人前往北方。

于是黑人来到了北方，梦想着公平和富足。有那么一段时间，黑人找了份体力活儿，卑躬屈膝地给人打工；或者在一段时间内靠公共援助过活，其强大的生育能力让白人担心不已。数千名波多黎各人涌进纽约，使纽约比以往任何时候都更加多姿多彩。很快，在曼哈顿的公立学校，白人孩子成了少数。白人家庭举家迁出了纽约、波士顿、费城、克利夫兰和芝加哥，搬去了郊区，这让美国最大的城市因为新的面孔和新的仇恨而蒙上了一层阴影。与此同时，科技的进步剥夺了大多数黑人男性在工业中的位置，他们只能依赖救济和慈善度日，或是靠他们的妻子养活——她们为白人打扫房子，从而支付她们全家住在棚屋的费用。在拥挤的财富飞地中，贫穷沾染上了种族色彩和种族意识，并把人们驱使到一种疯狂的敌对状态，从而认可了任何犯罪。街上变得十分危险。白人居民用嫌恶回馈恨意，对黑人民权不屑一顾。用来扶贫的钱流入政客的口袋，远方的战争消耗掉了用来改善美国人生活的黄金。

如果我假装有办法解决这些问题，那我就是个可笑又傲慢自负的人。这些问题源自人类的天性，这是我无法用文字改变的。我们对少数族群心存疑虑，因为我们没有学会如何应对；在某些情绪下和某些场合，当少数族群说要"焚烧"我们时，我们对前景很不乐观。

这一代人无法解决做粗活的工人因科技进步而失业这个问题。我们不得不为受害者提供食物和居所，对那些可教育的人进行再培训，让他们的孩子接受教育，等到这一代人死去，下一代人在我们的学校里接受了教育，可以在新的生产、分销和金融业中找到工作岗位。我相信，非白人的思想、性格和任何人一样会得到改善，只要他们不受充满敌意的环境影响。若要向自己证明这一点，我只需要看看无数非白种人克服千难万险，在文学、音乐、医疗和法律界取得的卓越成就。因此，我再次为我的灵丹妙药呐喊：请普及教育。

愤世嫉俗者或许会嘲笑这种对教育的信任不仅老派，还具有18世纪风格。可除此之外还有别的办法吗？这是一个极权国家，地域和交流障碍被打破，各州人口数量增多，外来思想传入，使得美国遭遇越来越多的挑战，因此产生的内部仇恨、社会混乱、无法控制的暴力和城市的衰退已经存在了上百年。每个人，不论种族，都有充分和平等的机会过上美国生活，这难道不是因为良知与正义吗？

第十三章

论女性

CHAPTER THIRTEEN

On Women

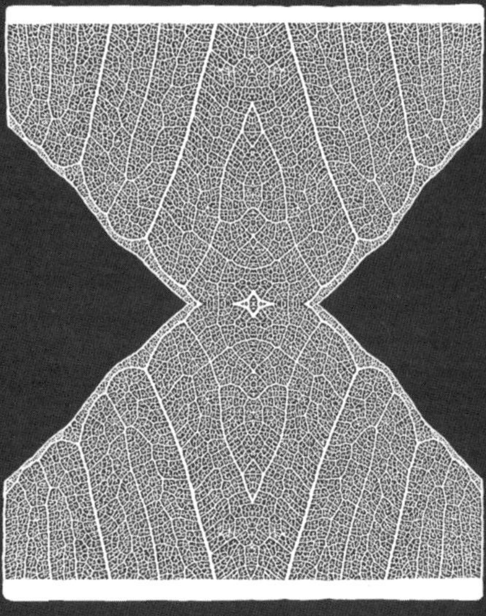

在我死前，让我为女性唱一首赞歌吧。这首赞歌主要是为了阿里尔而唱，可她嘲笑我的心醉神迷，并且建议我应该为我的生殖腺高歌一曲，她觉得美都是性腺感受到的。好吧，让我们把生殖腺也加入我们的祷文吧。

我经常因为美丽的女性而激动，却并不渴望拥她们入怀，可没有人相信；在我看来，我的兴奋完全出自纯粹的审美趣味。或许我是在自欺，我不会发任何誓言说我的"潜意识"或血液中没有隐藏着欲望。但我坚持认为，我曾胆怯地渴望去接近一个女人，并且感谢她给我带来了如此强烈的乐趣，而在这份渴望中，我从未想过要占有她们，甚至都没想过要碰一碰她们的手。

任何形式的美都能让我异常兴奋，那些陪我散步的人都很讨厌我，因为我总是热衷于那些美好和庄严的事物：蓝天中的白云、香雪球的甜蜜芬芳、年轻路人的亮丽脸庞，或是一棵高大挺拔的榆树向四周伸展的枝丫，让人感觉仿佛置身于惠特曼式的宽阔怀抱中。一想到这个令人眼花缭乱的星球上有那么多美好的事物，我就觉得如果能把它们都看遍，我应该能甘愿接受永生。可几乎没有人天真或多愁善感到可以和我一起感谢上帝创造了女性。

我曾经看过叔本华关于这个危险主题的文章，我知道很多和我同时代的人用大量文字抨击那些用魅力和诱惑勾走我们生命力的"吸血鬼"。在神志清醒的时候，我也承认很多女人都有缺点。很多女性贪得无厌、占有欲强、嫉妒、骄傲自大。她们很少有能力维持长久的友谊，因此她们把大部分时间都用来赢得爱、维持爱和给予爱。她们的美很大程度上是人为的，而且很快就会露出本来面目。她们可以偷走其他女人的丈夫，伤人心，破坏家庭。一些女人很少会像男人那样客观思考，她们只会为她们感兴趣的男人动脑筋；她们经常把愿望误作现实，把重复误作争吵；有些时候，她们的生命力似乎会跳过她们的大脑，竭尽全力地去维持她们那一头秀发。她们任由女裁缝愚弄，而女裁缝师只是把新奇误当成美丽，把女人当成傻瓜来赚钱。女人比男人更容易听别人兜售超自然的希望和慰藉，因为在这个快速变化的世界里，她们不会那么快忘记忧虑和悲伤。她们不如男人那么有天赋，却没有几个是傻子。因为经济竞争和政治欺诈，男人的智慧变得敏锐；女人则不需要太多智慧，因为一般来说她们都会成为母亲，而做母亲靠的是本能。通常情况下，女人凭本能赢得男人通过智慧所获得的一切。

我无视女人的所有缺点，因为她们因繁衍后代而耗尽了精力，应该得到赞扬。或许并不该孕育生命，但那是另外一个问题。初见她时她还是个姑娘，因为谦逊质朴而愈发美丽，我隐隐意识到她很快就会成为别人追捕的猎物，然后成为被束缚的俘虏，接着则会成为繁衍后代的工具。她的脸蛋有着天然的绯红，因为她经常玩耍、运动、骑车和骑马；她坐在地板上，留着长发，把头抵在腿上，依旧美丽的双足赤裸着呼吸空气，这样的情景能让老人开心愉悦。

随着她的青春期接近尾声，我开始同情她；我看到一些年轻的男性围绕在她身边，急于获得她的青睐，焦急地想要拉她的手，吻她的唇，或是做出更进一步的行动。我能想象得到，在调情和拘谨之间，在被征服和保持童贞的孤独之间，她肯定能找到一条狭窄蜿蜒的路。无怪乎她会生出自满的虚荣心，这是赢得许多竞争的奖赏，而这份虚荣心与寻找配偶时在服装方面下工夫的男性的虚荣心不相上下。在我们的时代，他们身上的负担多么重啊，要选择一个不会用爱慕冲昏她们头脑的追求者，还要根据对方的稳定性、自制力和经济实力，选择一个人，这个人既会成为忠实的丈夫、称职的养家者，也会成为理智的父亲。对于女性年轻的头脑和忐忑的心，这是一份多么大的负担啊！

现在她成了新娘，羞怯又骄傲，仿佛一个赌徒倾其所有进行了一场豪赌。你或许会说（如果你已经过了更年期的话）皮毛闪闪发亮、用鼻口部摩擦人的赛马比女性更友好，或者说你最喜欢的狗同样很棒，头部形状优美，跳跃起来十分优雅，从眼神可以看出它通人性。我也有过这样的心态，可我们还是回到女人这个话题上，美国、爱尔兰、英国、法国、西班牙、意大利、德国、斯堪的纳维亚、波兰、俄国（你见过巴甫洛娃吗？）、希腊（在1936年的希腊，我们把那位可爱的向导称为阿芙罗狄蒂）、印度、穆斯林（你有没有看过阿拉伯或波斯的情诗？）、中国和日本的女人全都拥有窈窕的体形、绝色的容貌和迷人的魅力，尽管这些只是短暂存在。

在青春期，几乎每件事都会让一个受过良好教育的女人伤感。我惊奇于她丝绒一般平滑的皮肤，奶油一样柔软的双手，她轻柔地抚摸着你的脸庞，让你的荷包变得空空。我很想用手指穿入她的发丝，只要这不会破坏她那不容亵渎的发型。我不敢看她的眼睛，唯恐会陷入万劫不复的深渊。陷入爱河的她柔声细语，或是在歌唱时巧妙地提高声音，这让我想知道她是否是在进化实验室工作的神。我觉得无论从哪个角度看，女人的构造都是完美无瑕的，我尤为欣赏女性不穿胸罩时下垂的乳房。我暗中注意到她的脚踝上的微光，她灵活的双脚迈着缓慢而有节奏的步伐，可我讨厌她的细高跟鞋。她行动起来优雅迷人，仿佛诗歌具有了形体；她行云流水般地走过房间，我看得心醉神迷，仿佛某种无声无形的和风让她变得轻盈飘逸。

她成了一个母亲。由此开始，她要操心挂虑二三十年，让孩子们健健康康、正派得体、聪明机智。在这个过程中，她一直在承受压力，她是圣母，生育子嗣，堪称女神。如果说哪里有神的话，神就在这里。生物学家想到的造物主形象只有女性，因为在生命的世界里，男性只是附属品，通常处在从属地位，有时候甚至是多余的。天主教曾短暂地崇拜过圣母，这是对的。很多年前，看到阿里尔那么痛苦地生育艾塞尔·本弗努塔，我离开了房间，因为帮不上忙而愧疚不已，并且喃喃自语："我必须永远善待女性。"让女人的罪孽轻轻地落在她的头上，因为她是我们所有人的宽恕之母。

母亲不必询问人生是否有意义，看到孩子们的身体和心智日渐成长，她就知道她已经完成了她的使命，她的使命让她得到了满足。孩子们历经了童年的病痛、青年时的奇思怪想，长大成人，有了他们自己的子嗣，到了这个时候，她就会得到奖赏。膝下儿女越来越多，她把他们聚在她身边，他们是她身体和灵魂的结晶，她为此无言地骄傲着、无声地快乐着。看到她爱他们，被他们爱着，只有拙劣的心才会认为她的生命没有意义。如果生活过得体面而充实，那么生命本身就是一种奖赏，不需要任何外在的意义。

第
十
四
章

论
性

CHAPTER FOURTEEN

On Sex

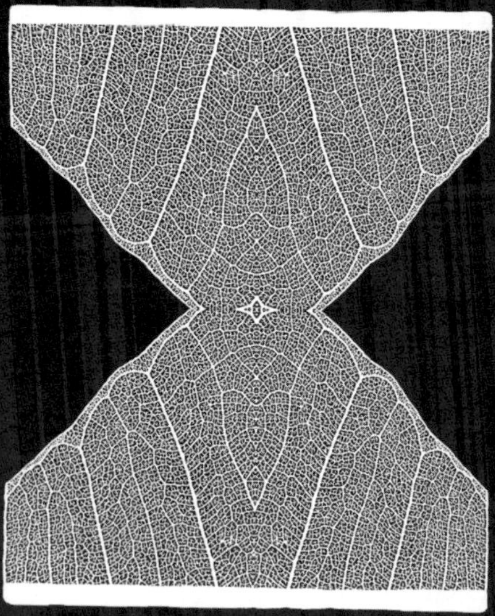

为什么我如此迷恋女人？为什么现在我老了，依旧对女性的魅力那么敏感，就好像六十多年前，我还是耶稣会学院的学生，时不时便会偷溜出去看低级歌舞表演？我再次坚持认为，在很多情况下，美丽的女性会激起我心中的审美情感，而不是有意识的欲望。但这意味着我和她们之间有一定的距离，如果这些令人神魂颠倒的女性稍稍靠近一点点，我就很难维持思想的纯洁了。我认为，一般来说，大部分男人对任何性刺激都会产生反应，这几乎是条件反射。我真的很想知道，我们为什么会是俄国生理学家巴甫洛夫所称的"机械行动的人"。

在我看来，肉体的吸引有时候源于遮遮掩掩。如果就像在昔日的巴厘岛一样，女性的乳房一直暴露在男性面前，那乳房还会刺激性欲吗？因为遮遮掩掩，每一次暴露都是激动人心的礼物。我们或许想象得到，拥有高超性心理学知识的女性会谨慎隐秘地有效利用她们的资源，就像维多利亚时代那样，她们得出了一个明智的结论：半隐半露比不遮盖或全部遮盖要好。与此同时，男性的想象力可以自由地将这些可爱的突起理想化，并且让乳房不受时间的制约。人们描写乳房，谈论乳房，这激起了好奇心，

因为遮遮掩掩，每一次暴露都是激动人心的礼物。

加剧了欲望；人们不禁要问，我们的躁动在多大程度上是源自于有关乳房的文字和话语。拉罗什富科 (La Rochefoucauld) 不是问过吗，"如果男人从未听过或看过关于这种狂热的描述，还会坠入爱河吗？"

从进化论的角度来看，那些繁殖后代欲望最强烈的有机体生育的后代最多，因此，在一代又一代人的繁衍过程中，性本能越来越强烈，仅次于对食物的需要。对于一个饥肠辘辘的人来说，"阿芙罗狄蒂"一定不是绝世美女，有可能只是一顿美餐。然而，当基本需求得到满足之后，男人就不再关注食物和金钱，灵魂就会向性的诱惑和暴政敞开大门。因此，在很快解决温饱问题的美国、英国、德国和法国，性得到了最肆无忌惮、最不负责任的自由发展。

自然（这里指的是进化过程）对繁殖十分狂热，在物种延续过程中，个体只是一个工具和一个过客。除了吃和生，自然什么都不关心；我们的文学、艺术和音乐只是性和繁衍后代的刺激物和装饰物。从这个角度来看，填饱肚子虽然是最基本的，却也只是处在从属地位；食物处在第一位，没有食物生命就无以为继；可食物也为性服务，填饱肚子这种行为的无意识的目的是让我们自己达到生物学的成熟，即拥有生育能力。当我们完成了这一职责，那我们吃东西就是为了活着以守护我们的子孙。等到完成了这两项职责，我们就失去了利用价值，自然也就不再需要我们了；正常情况下过不了多久我们就会死去；如果我们继续活着，那也只能以可有可无的旁观者身份存在于生生不息的生命进程中。

对于生命为何应该生生不息，我无法给出令人信服的理由，可这是不容改变的事实。有时候我憎恨性本能对我们的控制，我看到它毁了人们的生活，扰乱了国家的秩序，把那些躁动不安的猿猴变成了未来的哲学家；我可以理解为什么过去的文明要依靠强权和神话来阻挡膨胀的欲望洪流。基督教国家要求的是一夫一妻制，而在亚洲和非洲，则允许拥有多个配偶，但无论如何，婚姻制度都是控制欲望洪流的一种方式。在一些基督教国家，婚姻就像是一道正在崩溃的堤坝，也不知道基督教的婚姻能否抵挡得住性本能对更大自由和更多变化的需求。

我不确定我是否想要降低我们对性的敏感度，毕竟生活的一半热情皆在于此。没准儿我们的美感就是这种感觉的衍生物；其他所有形式的美似乎都源于作为男性欲望和女性嫉妒对象的女性之美；或许崇高感的主要根源就是女性和男性对于阳刚之气的欣赏。谴责性敏感就是剥夺了对美的感觉和回应，从而割断了艺术最丰富的根源。

为了在阉割和沉迷之间找到令人愉快的媒介，我必须求助于我那个负担过重的灵丹妙药——智慧的发展。如果我们教育人们保持肉体健康，理性调和欲望，我们就可以一面保留对性的刺激，同时通过对公共秩序的尊重和对自身利益的审慎预见，使之处在合理界限内。因为我们遵守公共秩序，并且谨慎地知道怎样对我们自己好。在绝对忠于一个异性的同时欣赏其他异性，这是可能的。通过这种方式，我们或许可以得到一箭双雕的结果：短暂的激情和持久的爱。

第
十
五
章

论战争

CHAPTER FIFTEEN

On War

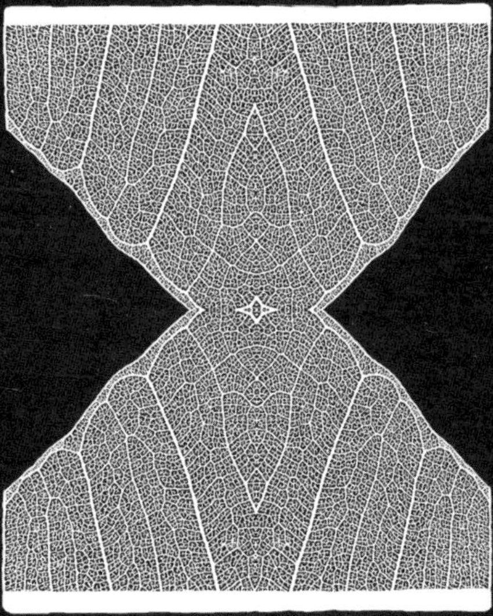

1830 年，法国海关关员雅克·布歇·德·佩尔特（Jacques Boucher de Crèvecœur de Perthes）在索姆河谷发现了一些奇怪的燧石器物，现代学者将其确定为人们在旧石器时代战争中使用的武器。这些石头被称为"铁拳"，因为其一端磨得圆圆的，用来抓握，另一端尖尖的，用来进攻。大约五万年前，来自现今德国的尼安德特人和来自现今法国的克鲁马努人凭借这些简单的死亡工具，为了争夺欧洲大陆的统治权而战，经过一天的殊死搏斗，战场上可能留下了二十多具尸体。在两次世界大战期间，现代德国人和现代法国人在同一河谷里为了同样的目的再次开战，他们使用了杀伤力巨大的致命武器，一天就能杀死一万人。对人的创造力而言，若说最无可争议的进步，当属战争艺术。

五百个世纪以来，两千代人为了争夺这一地盘而战，而没人知道战争的日历是从何时开始，会在何时终结。即便有人拥有最完善的头脑，见惯了大世面和奇人奇事，也会对历史战争的全景感到震惊：从通常和平的"野蛮人"偶尔的喧闹和突袭，到埃及、苏美尔、巴比伦和亚述的血腥史，由希腊城邦无休止的自相残杀、亚历山大大帝和恺撒大帝的征服、罗马帝国的节节胜利、伊斯兰的扩张战争、蒙古游牧部落的杀戮、帖木儿的人头骨金字塔、英法百年战争、玫瑰战争、三十年战争、西班牙王位继承战争、七年战争和英、美、法、俄等国的革命，到拿破仑战争、美国南北战争、普法战争、西美战争、日俄战争、第一次世界大战、第二次世界大战……悲观地说，充满血腥的战争史似乎是历史的主要洪流，除此之外，所有的文明成就、文学和艺术所带来的启蒙、女性所有的温柔和男性所有的骑士品质都只是岸边发生的美丽插曲，无助于改变战争历史洪流的方向和性质。

毫无疑问，这样的冲突史夸大了战争在我们人类历史中的影响力。冲突具有戏剧效果，而（在我们大部分历史学家看来）和平时期似乎没有历史可言。于是我们的史学家从一场战争跳跃到记录另一场战争，不知不觉地把历史扭曲成了屠杀场所。在较为理智的时候，我们知道事实并非如此；我们知道，在任何一个国家的历史上，这种清晰的和平间隔远远比疯狂的战争期要重要得多。我们知道，文明的历史——法律和道德，科学和发明，宗教和哲学，文学和艺术，就像隐藏在时间长河中的金子一样在闪光。

占有、寻找配偶、战斗、行动和交际是……战争的终极源泉。

然而，在过去，战争从未消失。未来也是如此吗？从人类本性和社会结构这两方面来说，引起战争的原因有哪些？可否预防、减少或是控制？

战争的原因是多方面的，包括心理、生理、经济和政治因素，也就是说，战争的根源存在于人类的自然冲动中，存在于族群的竞争中，存在于社会的物质需要中，还存在于国家野心和权力的起伏中。

其根本原因还在于我们自己，因为国家是人类灵魂在历史这面显微镜下被放大的结果。占有、寻找配偶、战斗、行动和交际是人类的主要本能，而这些都是战争的终极源泉。在几千或许是数百万年里，人类都无法保证充足的食物供给；他们还不知道这片土地的肥沃程度，只是指望着狩猎的运气。抓到了猎物，人类常常会当场将猎物撕碎或切成碎片，然后饱饱地吃一顿生肉，喝掉暖暖的血，还不知道下一顿饭是什么时候呢。所谓贪欲，不过是吃饱肚子，储藏食物，以备未来之需；财富最初不过是防止挨饿的手段而已；战争原本是为了食物而发动的突袭。或许所有的恶习都曾是美德，在生存斗争中不可或缺；只有当社会秩序和日益增加的安全感让它们在生存中变得不再被需要，它们才会成为罪恶。过去，人类必须追捕、杀戮、攫取、暴饮暴食和囤积食物，几万年的不安全感让人类拥有了贪婪和占有的冲动，这些冲动没有任何法律、道德和理想约束，可几百年的安全就可以缓和或摧毁这些冲动。

对伴侣之爱、对上慈下孝的渴求，构成了人类一半的历史，但它们往往并不是战争的原因。或许"罗马人抢掠萨宾妇女"（在罗马神话传说中，罗马人建城以后性别失调，跟邻邦萨宾人商量联姻，但遭到对方拒绝，于是罗马人设计抢掠萨宾妇女）只是土地和食物之争带来的一个多情结果而已。

战斗本能在我们的分析中表现得更加明显。自然赋予人类这样的本能，是因为这有助于获取食物或伴侣；它给予每只动物进攻和防守的器官，并赋予那些体力较弱的物种狡猾和借用外力的特长。总的来说，生存下来的族群都擅长觅食、交配，精于战斗，经过几代的选择和强化，已经发展成了百种次级形式的占有、交配和冲突。

对食物的追求已经扩展成为积累巨额财富，战斗本能也已经膨胀成为对权力和发动战争的渴望。对权力的渴望在大多数人身上是抱负和创造力的有益刺激，但在特殊的人身上，它可能会成为一种危险的疾病，一种灵魂的癌症，驱使他们去打无数场战争，而且通常都是假他人之手。尼采为人敏感多疑，体弱多病，不适合服兵役，他一看到或听到骑兵在法兰克福街道上奔驰的声音，就兴奋不已，立即为歌颂战争和"权力欲"创作了一首赞歌。

这种行动的本能表现为一种对冒险的热爱，或者对亲朋好友或日常生活的逃避。人们会有行动本能，一个更广泛的原因在于其与人交往的本能。人类恐惧孤独，自然要联络他人，保护自己不受孤独之苦。一个社会渐渐形成，在有警戒的边界范围内，人们无拘无束地过着和平的生活，积累知识和财产，崇拜他们的神明。因为自我的扩展，我们对自己的爱溢出为对父母和子女的爱，对家庭和财产的爱，对习惯和制度的爱，对惯常的环境和所传宗教的爱，这使我们最终对民族和文明形成了情感依恋。我们爱的对象都是民族和文明的组成部分，当其中任何一个受到威胁时，我们的好斗本能就会被人类天生的懦弱激发到极限。在一个分裂和无法无天的世界，这样的爱国精神是合理和必需的，因为若非如此，族群就无法继续存在，而没有族群，个人就无法继续存在。偏见对哲学是致命的，可对一个民族而言，却是不可或缺的。

把所有这些激情集中在一起，把占有欲、好斗性、利己主义、自负、迷恋和对权力的渴望凝结成一股力量，你就有了战争的心理根源。让它们形成一个整体，它们就会演化成生理因素。犹如个体一样，族群也会饥饿或愤怒，野心勃勃或自高自大。族群也必须为了生存而战，或被消灭或继续存在。生物体的保护性繁殖能力很快就超出了当地的食物供应能力；就像身体的饥饿一样，局部的饥饿变成了整体的饥饿，物种与物种、族群和族群为争夺土地或水源而开战，以便为各自的物种、族群众多生命提供更多的支持。两千三百年前，欧里庇得斯将特洛伊战争的原因归咎为希腊人口的快速增长。

犹如上述，族群的饥饿会导致族群的好斗性，族群越来越好斗，就像个体一样，它也会衍生出自卫和攻击"器官"。在族群之中，这样的"器官"名为武器，当武器具有强大的威力，那么就像男孩子对他的二头肌的意识一样，它们本身就会变成战争的次级因素。在这两种情况下，武器都是必要的，因为争斗无法避免，于是竞争就成了生命的交易。

这些心理和生理因素构成了人类冲突的终极根源。国家间的敌对由此衍生，而这是引发战争的直接原因——这些经济和政治原因很容易被肤浅的分析所满足。

对于土地的竞争才是战争发生的根本经济原因。有了土地，有计划扩张的人口就有了居住的地方；有了土地，就有了物质资源；有了土地，就有了新的征兵和征税对象。所以古希腊人不断扩张，他们越过爱琴海、黑海和地中海，征服了拜占庭、以弗所、亚历山大、锡拉丘兹、那不勒斯、马赛和西班牙；在过去的两个世纪里，英语传播到了全世界；美国现在也在扩张。

工业革命激化和放大了这些掠夺的刺激因素。为了在战争中取胜，现代国家必须富有；若要富有，就必须发展工业；为了维持工业发展，在大多数情况下，现代国家必须进口食品、燃料和原材料；为了支付这些，就必须出口制成品；为了给制成品找到销路，就必须开拓国外市场；为了赢得这些市场，要么低价竞争，要么在外国发动战争。现代国家发动战争，多半不是为了销售其至关重要的货物，就是为了控制重要商品的运输线路。

希腊打仗是为了控制爱琴海、达达尼尔海峡和黑海，因为它一直依赖俄国的粮食生活；罗马必须征服埃及，这是因为它需要玉米；征服小亚细亚是为了要向那里倾销它的手工制品，它需要用那里的财富填充政客的钱包；埃及的小麦、近东的石油和印度的棉花是英国历史上发动很多战争的理由；西班牙的白银引起了罗马和迦太基的战争；正是因为西班牙的铜，德国才会支持法西斯政权统治的西班牙。1898年，我们"无罪的自我"对糖产生了兴趣。早在1853年，我们就对日本政府软硬兼施，说服日本转型成为一个渴望外国市场和战利品的工业国家。1941年，我们对待日本的政策在珍珠港得到了报应。

经济周期也是导致现代战争的原因之一。由于人类生来不平等，所以在任何社会里，绝大多数财富都只为少数人所拥有。由此可知，在任何社会中，大多数商品迟早会为少数人所有。可是，因为利润不断被再投资以促进生产，这种财富的自然集中阻碍了人民购买力的提高；生产过剩，消费不了，剩余商品数量越来越多，不是导致萧条，就是导致战争。为了避免这两种情况，要么停止生产，让消费迎头赶上；要么开拓外国市场，把国内卖不出去的商品都卖到国外去。

再来说一说引起战争的政治原因。政府的第一定律是自我保护；第二定律则是自我扩展。人们的野心通过其赖以生存的力量而变大，而且他们相信，一个国家停止扩展，就意味着开始衰退。此外，国家之间的权力分配则一直处在变化之中，或是因为发现或开发出了新的技术或资源，或是因为人口的增长和减少，或是因为宗教、道德和品质的削弱，或是因为其他物质、生理或心理环境的变化；发展壮大的国家很快就会凌驾于变得弱小的国家之上。因此，很难编写一份将现有安排永久化的和平协定。如果有协议能不挑起战争，那当真是不可思议。和平只不过是通过其他方式进行的战争而已。

如果前文的分析大体上是正确的，那么我们就不必对那些努力结束或减少战争的人期望过高。威廉·詹姆斯 (William James) 以一种善意的方式，希望美国的年轻人能够入伍一两年，参加广泛的"反自然战争"，创造性地表达出行动、冒险和交际的冲动，从而提供一种"战争的道德等价物"，美国在其优秀的和平队中尝试了这一建议；可显然这样的措施并没有触及国际冲突的主要根源。国家联盟 [除了在布莱恩德（Briand）和斯特莱斯曼（Stresemann）的领导下] 是战胜国为保住他们的利益而进行的阴谋；一旦战败国的人口出生率和工业改变了《凡尔赛和约》限定的国家实力的平衡，国际联盟即告瓦解。国家的生命力不可能一成不变。如果和平主义能够在战争和保卫国家的召唤中幸存下来，那么和平就可以治愈战争；英国年轻人曾在牛津联盟发誓永远不会为了英国而拿起武器，也勇敢地拿起武器反抗希特勒。

含糊不明地向人类的良知发起呼吁，叫他们结束战争，这在历史上收效甚微，因为人类没有良知。道德只是在几个世纪的强迫下，对秩序形成的习惯而已；国际道德需要国际秩序；国际秩序需要国际力量；而良知控制在警察手中。聪明的人会在爱好和平的同时准备好充足的弹药。

要找到解决战争问题的有效方式，靠宽宏大量是不行的，要针对具体的原因和纷争，进行具体研究和耐心调整；和平必须像战争一样现实地规划和组织起来，对每一个因素做好预防措施，并且要预见到每一个细节。要想实现这个目标，政客在忙于内政之际抽时间来做是不行的，它需要一流的头脑投入全部时间。战争的诱因有很多，而且影响力都很大，每个因素都需要一个专门国际委员会来研究和调整。很多专家、经济学家和外交官员都无所事事（确有其事），我们或许可以把他们分到这些拥有各自任务的委员会，或是研究战争的经济因素，或是耐心聆听起纷争的族群有哪些意见，调查调解的可能性，为他们的政府提供具体可行的建议，或是在不大肆宣传的情况下完成他们的工作。我们必须从源头上隔绝诱发战争的致病菌，通过谅解与谈判来消灭它们。

一个这样的委员会应该研究不计后果的人类繁育所导致的问题。在人类不计后果生育的情况下，不管是什么地方，只要出生率（扣除死亡率）超过了目前或未来的生活资料，就要施行计划生育政策，推广节育方法，就需要国际社会为缓解当地食物短缺问题作准备，就需要为急剧扩张的人口寻找生存的地方。应该派一个常设委员会去研究工业国家获得原材料、燃料和市场的途径。在各个方面积极持续维持和平应该是政府的一项主要职责。

最后，我们必须坚定自己的立场，反对乌托邦，并按照亚里士多德建议的那样，应该满足于有所改进的国家。我们不要盼望世界进步的速度比我们快得多。或许，如果我们用充满智慧的研究、公正的历史、适度的旅行和坦诚的思想，来扩展我们的边界，如果我们可以了解别人的需要、观点和希望，能够觉察到各种文化和地域上存在的各种价值观和美好，我们就不会如此轻易地陷入因竞争而起的杀戮中，而是在我们的心里找到空间，拥有更广泛的理解和包容万物之心。我们将在所有国家中发现我们可以学习和更新自己的品质和成就，并通过这些品质和成就丰富我们的遗产和子孙后代。让我们一起期盼，在未来的某一天，我们可以在不背叛人类的情况下爱国。

第十六章

论越南

CHAPTER SIXTEEN

On Vietnam

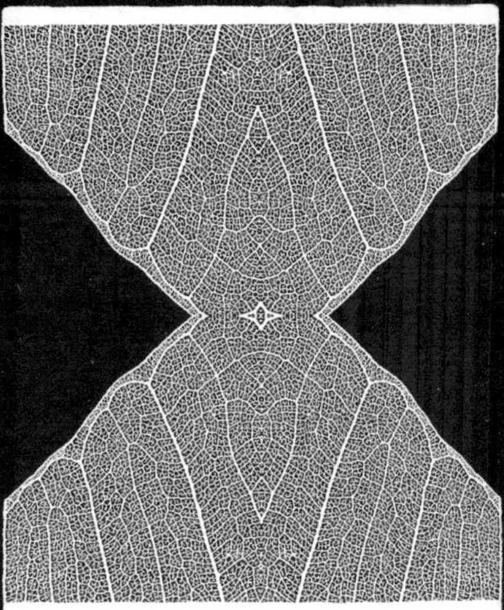

1967年5月7日写下的任何关于越战的文字，到了1969年都会成为愚蠢之言；就连最有见识的政客发表的声明，在一两年后也会沦为带有几分讽刺意味的笑柄。可我还是要说一说越战，我要说出我的想法，我也来碰碰运气，看看善于讥讽的时间会给我带来什么。

20世纪有这样一个特点，虽然反战声浪越来越高，战争却比以往任何时候都要频繁和激烈，对生命和财产的破坏也更大。诗人、哲学家和母亲们都在哀悼，可我们的本能依旧将人类划分为互相嫉妒或敌对的种族、国家、阶级和教派。对权力的占有诱惑人们去使用权力；国家利益的定义扩展到所有目的；对安全的渴望，就意味着要通过武力占有更遥远的边疆，安全成为开战的借口。到了服役年龄的男性很容易受爱国主义的召唤；祈求和平的人被讥笑为懦夫，寻求互相理解和互相适应的人，却被打上了绥靖主义的烙印，好像平息争吵就是对圣灵的冒犯。舆论的喉舌被用来为将军们辩护和吹捧；威严的军服征服了平民，让少女为此陶醉，也几乎使母亲甘心接受儿子的牺牲。政府发现发动战争比赢得选举容易多了。

《美国宪法》规定只有国会有权宣战，却并未禁止总统以其他名义发动战争。对于那些需要快速作出回应的国际危机，这或许是必要的，一个只会协商审议的国会可能无法做到这一点。事实上，关于战争与和平，美国总统就是有任期限制的独裁统治者，只是他要允许起不到任何作用的公众批评政府且最终听取将军们的建议。有了这一策略，美国总统便不停地在国外进行军事干涉，而国会面对既成事实，除了批准别无他法。

1948年，美国第六舰队按照命令阻止了希腊革命，抵挡了俄国对土耳其的压迫。1957年，国会批准了艾森豪威尔主义，美国将援助任何受到"公然的武装侵略"的中东国家 [援引《洛杉矶时报》(*Las Angeles Times*)，1957年5月1日]。在此基础上，美国给予约旦政府帮助，美国军队登陆黎巴嫩 (1958年)，虽然"在这两种情况下，都没有实质证据证明有国家发动了'公然'侵略"。肯尼迪总统在1963年重申了艾森豪威尔主义。1965年，约翰逊总统宣布，只要亚洲各国政府提出要求，美国的财政和军事实力都将被用来镇压任何涉嫌共产主义倾向的革命运动。

这些表态并非没有挑衅意味。那个时代，共产主义领导人多次明确重申，他们决心要推翻资本主义的经济体制，并且会支持在非共产主义国家建立共产主义政府的"解放战争"。由于我们这个时代几乎所有的革命运动都具有共产主义色彩，美国一直致力于派军压住任何一口煮沸的锅。无论何时，只要贫穷的人民起来反抗经济剥削和政治暴政，在即将倒台的政府的要求下，我们都承诺会镇压起义（我们不会承诺帮助受到保守派军队攻击的选举政府）。我们向世界上的穷人宣布，共产主义国家是他们的朋友，而我们是他们的敌人。诞生于一场革命的美国，如今自成一体，成了另外一个神圣同盟，就像梅特涅（Metternich）在1815年致力于镇压欧洲的每一次革命运动一样。这也是美国梦的一部分吗？

让我们对美国在历史上所扮演的新角色作一个最好的解释吧。想象一下，一些国务院官员会这样说：

> 把西欧从希特勒的憎恨和斯拉夫人的统治中拯救出来的美国，如今发现它在远东的朋友和盟友正面临着不断扩张的共产

主义的威胁。英国却无法再保护亚洲白人的权利、利益和文化了。如果没有其他大国承担这一角色，外国人数量上的优势，再加上他们对西方科技的狂热，那么，西欧和美国就不可避免地会屈从于日益扩大的亚洲和非洲联盟。除非立刻有效地压制日益强大的亚洲，否则在不久的将来，白人在世界上就会变成二等公民。中国正逐步在东南亚的柬埔寨、老挝、越南、泰国、印度尼西亚、马来西亚和新加坡确立优势地位。而菲律宾，甚至日本也会受到影响的这些危险是真实存在的，因为有报道称，"由于美国在越南问题上的立场和北京的局势变化，东南亚的非共产主义国家似乎对自己的未来更有信心"[《纽约时报》(*New York Times*)，1967年4月30日]。此外，澳大利亚和新西兰必须警惕中国龙，否则他们就不得不任由外国移民成为国家主导，改变他们的国家。

我们并不是在宣称白人要高人一等；我们只是碰巧身为白人，并且觉得有义务去捍卫我们的同类，即使他们在过去可能犯过错、犯过罪。我们无须强调这样一个事实：中国越来越强大，西欧和美国将失去他们在东方的盟友、市场、供给、商业设施和贸易路线。西欧只能依靠其自身并不充足的自然资源来开发原材料和燃料。在意大利和法国，共产主义政党的实力得到了加强，可能还会控制政府。拉丁美洲将会充斥着组织了一场又一场革命的共产主义分子。如果失去了盟友，美国最终将湮灭在共产主义的海洋里。

即使这些担心有些夸大，美国也应该明智地从一开始就正视这样的危险，在外国的土地上与之一较高下，而不是一拖再拖，致使问题变得更糟糕，直到敌人打到家门口了，才采取行动。我们知道，人们自然不愿意为了解决只有有远见的人才能预见的问题，就把他们的儿子送到遥远的战场上；可是如果我们的孙辈发现，正因为我们的短视、拖延和怯懦，才致使他们被异族包围和控制，他们会怎么想我们？我们必须为后世子孙考虑。

这些话很有影响力，如果总统决心按照这样的话去行事，还坚持到血腥的结局，并为此失去民众对他的爱，而且无法实现他消除美国的贫穷和种族歧视的伟大计划，那么，在某种程度上，我会欣赏他在精神上的孤独和愤怒的决心。我痛恨那些只会用歇斯底里辱骂来反对他的政策的人，这些人从没有正视他的问题和责任的人。他一直致力于政治事务，而像我这样的象牙塔隐士是看不懂他的政治奥秘的。然而，尽管我几乎不信教了，可我依然（即便我读了很多卷尼采的作品）坚定地认为自己是个天生的基督徒，而且我很欣赏基督的话，他"叫我传福音给贫穷的人；差遣我报告被掳的得释放……叫那受压制的得自由"（《路加福音》，第四章，第18节）。

在距离大陆边界五千英里远的地方设立军事前哨和储备物资，或是实行会招致无数战争的政策，对于用如此方式建立美国帝国的呼吁，我没什么兴趣；我只是希望在某时某地，我们能被允许像个基督徒或绅士那般行事，甚至对于门口的陌生人也是如此。我相信，如果向贫穷地区出口食物和进行技术援助，建议受到威胁的政府转变成为福利国家，敦促这些国家的大地主允许更广泛的土地分配，说服工业巨头相信支付较高的薪水有利于扩大市场、增加利润，使得经济稳定和政治和平，而且此举所需的成本比战争低得多，也更人性化。

很久以前，我曾在公众场合反复呼吁[比如1961年9月19日出版的《纽约世界电讯报》（*The New York World–Telegram*）]，应该承认中国是一个文明国家，拥有丰富的政治智慧、道德哲学、文学和艺术；呼吁人们耐心对待中国，向它伸出友谊之手，促进而不是反对它加入联合国。我一直觉得这更有利于世界的政治和军事和平，只要不是仅仅嘴上说说而已。如果美国坚持不扩张，并且实行与门罗主义相反的政策，而且发誓不干预亚洲大陆上任何国家的政治，那么现在的国际秩序要好得多。我一直深信，相比互相误解、以讹传讹、彼此憎恨和发动战争，和中国公平坦诚地谈判，保证澳大利亚和新西兰的安全，结果不可能更糟。可是我们给后世子孙制造了一个热烈激昂的敌人，这个人口最多的国家很快就会成为世界上最强大的国家之一。我们给我们的后代留下了这种仇恨的遗产，这预示着将有十数亿人被卷入冲突。

我不需要别人告诉我马基雅维利以及在他之前或之后的无数政治家，都不认为把道德和法律准则对个人的约束应用在政府行为上是可行的。我知道，政治实践者通常通过他们的行为、偶尔通过他们坦率的话语来暗示，一个政府在判断国家利益需要时，就必须有说谎、偷盗和杀戮的自由。我承认，如果一个政府在和其他国打交道时遵守"十诫"和"黄金律"，就有可能面临极大的风险，因为敌人可能会忽视这些准则；在这样的情况下，当受伤和无辜的市民可以求助于自己国家的法律，就没有任何有效的上级机构可以投诉。说实话，尽管安理会有否决权，并且设有联合国大会这个机构，可联合国依旧没有提出解决大国之间重要问题的可行办法，而且没有任何一个大国的民众愿意放弃国家主权。可我们有权期盼我们的政府会签署《日内瓦协议》(1954年)，确保一个中立的越南；期盼我们在那里的经济利益取决于谈判，而不是逐步升级的武装干涉和战争。我宁愿美国失去它的绝对权威，也不愿意它丧失应该给予人类的启示。

即便是现在，我依旧愿意见到我们的总统在

南越政府的同意下，给胡志明和"越共"提出几项建议：一、一个月之内停止所有攻击性军事行动和推进（军事准备是无法制止或阻止的）；二、在中立国的监督下实行自由选举，由所有南越成年人选举出新政府；三、承认"越共"是谈判和新政府的参与者；四、在民选政府成立并有能力维持秩序之后，逐渐撤回美国在南越的军事力量；五、承诺予以广泛援助，以修复北越和南越内战所带来的破坏，鼓励经济发展。

我不会幻想总统会倾听一个心地善良的人坐在加利福尼亚山上哀悼耶稣每天的受难。世事变化得太快，三届政府的决定都牵扯到我们，以至于绝大多数美国人似乎甘愿奉行武力政策，接受不可估量但可能是灾难性的结局。但还是让我们怀揣希望（毕竟希望是生命的支柱），盼着我们的孩子能从这代价惨痛的教训中有所收获，盼着他们勇敢地尝试和平和友谊，摒弃憎恨和战争，从而恢复我们年轻时所热爱的那个美国。

第
十
七
章

论政治

CHAPTER SEVENTEEN

On Politics

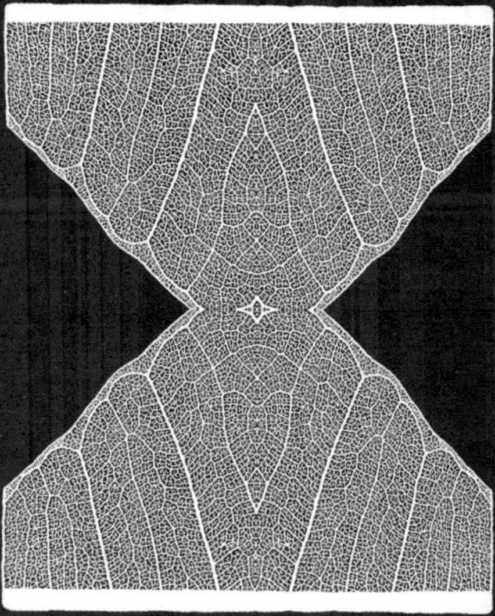

为了写这些章节，我经常翻看我在 1929 年情感迸发时写下的《哲学的宫殿》一书，以免重复以前说过的俏皮话和论点。有时我会停下来欣赏我年轻时的雄辩（当时我只有四十四岁，这是我的哲学童年）。但有一章让我震惊了，因为那是我写过的最片面、最不公正和最不成熟的文章。

那篇文章名为《民主失败了吗？》（Is Democracy a Failure）。我在文章里狂热地描述了美国民主制度的所有缺陷：依赖被误导和盲目热情的公众舆论；提名任命权掌控在政治机器手里，而政治机器喜欢听话的庸人；市政官员腐败无能；立法机关和国会屈服于游说集团和财富；领导人忙于竞选活动，无暇思考。对于这些不足，我给出的良方是在大学里建立经过认可的行政、外交和管理院系。这些院系的毕业生都有权竞选市政官员；这些毕业生在各州最大的城市里担任了两任市长之后，就可以自动获得州里的公职资格；做了两任州长之后，就可以竞选国会议员；做过两任参议员之后，就可以参选总统或副总统。党派的提名任命权依旧存在，而且不管适合与否，都向所有人开放，而受教育水平不再是无任职资格的理由，就连政党或许也会经常任命受过专门行政管理训练的人，他们有这个资质，和那些接受过医疗和法律教育的学生一样。现在我依旧认为这个毕业计划很有效，而且很高兴看到很多大学都成立了行政管理学院。但是，对于文章的其他方面，我并不认同，我将之斥为忘恩负义和愤怒的可耻爆发（一想到多年之后可能会不幸地重读这篇文章，我就不寒而栗）。

自从1929年以来，美国民主制度的缺陷和它的成就一样多。但它提高了市长、州长和总统的质素，罗斯福、菲奥雷洛·拉瓜迪亚（Fiorello la Guardia）、约翰·林赛（John Lindsay）和纳尔逊·洛克菲勒（Nelson Rockefeller）用他们的勇气、正直和洞察力鼓舞着我们。美国政府已经应对了经济萧条、种族危机和两次世界大战的挑战。起初美国的一些措施遭到了民众的反对，后来才赢得了民心。美国政府对工人阶级的让步几乎和它对企业的让步一样多；它开始保护债务人免受高利贷者的压榨，保护销售者不受虚假包装或标签的侵害。美国实行福利国家政策，缓解了资本主义的危机，从而拯救了美国经济。

我知道，很多纯粹的保守派认为福利国家靠不住，因为它在生理上是不健全的。他们认为，人类天生厌恶劳动，需要用对饥饿或贫困的恐惧作为工作的刺激物。一些批评家可能还会说，贫穷主要是由于人类身体、精神或性格方面与生俱来的自卑所致，而不是因为雇主和雇员之间关系的不平等；有些人或许会暗自同意尼采的观点：穷人是社会有机体的自然废物，我们必须坚决地屈从于这不体面的必要性。麦考利 (Macaulay) 曾提醒说："当穷人利用他们的选举权迫使富有的甲为懒惰的乙买单，民主就到了崩塌的时候。"波力比阿斯 (Polybius) 在公元前130年表达了同样的观点：

> 对名誉的愚蠢渴望，使他们 (受拥戴的领导人) 在民众之间创造出了对礼物的欲望和接受礼物的习惯，此时，民主就被废除了，变成了武力和暴力的准则……对于人们来说，他们已经习惯了以牺牲他人为代价让自己生存下去，习惯于依靠他人的财产来维持生计……堕落成不折不扣的野蛮人，而其主人和君主也再度出现。[1]

所以，在柏拉图之后，希腊历史学家觉得民主会因为自身的过度行为而变成独裁。

危险是真实存在的。我承认，数千人都使用养老金、救济券和失业津贴来为长期的好逸恶劳买单；很多雇员和妻儿分开住，以便有资格领取救济金；自愿失业者侵吞公共开支，消耗了市、州和国家的财政资源，而这些资源都是靠不断加税来维持的。然而，必须保留和扩展福利国家（在这方面我们远远落后于英国），这不仅是为了维持体面，也是一种防范国内阶级冲突、与他国竞争人类参政权的措施。

只有美国人的购买力随着他们制造能力的增长逐步提高，并且通过改进的技术、管理和技能不断地提高生产，美国经济才能持续繁荣。

我们在别的地方曾讨论过人类生而不平等，这些与生俱来的不平等随着时间的推移和生产工艺变得复杂而愈发严重，因此集中在一起的财富大都被投资到了机械化和加速生产方面，生产和消费之间的差距持续扩大，然后，生产放缓，等待消费赶上来。可生产放慢降低了工资总额，进一步扩大了贫富差距，并且威胁到自由企业制度的存在。为了遏制这个恶性循环，最廉价的替代方式就是更广泛地分配由资本主义的热情和刺激创造出来的财富。从1933年到1965年，美国政府通过鼓励工人阶级成立组织，提高议价能力，减少收入和财产的累进税，以及通过以财政拨款促进公共健康、安全、教育、娱乐和就业，即通过扩大福利国家实现了这一目标。除了出色地挫败德国法西斯和日本帝国主义，这是如今这个时代美国政治家最重要的成就。

主要是因为上述原因，自1916年以来，我一直支持民主党，而不是共和党，除了1928年我选择支持胡佛。在那一年的民主党全国大会上，我为斯克里普斯－霍华德报业集团工作，是个初出茅庐却上了年纪的记者，罗斯福的英俊面容和活跃的思绪把我迷住了。他当时提名艾尔弗雷德·史密斯（Alfred Smith）参加总统选举。照我看，如果那次大会提名的是罗斯福，不是因宗教问题而被提名的史密斯，那次大会才会显得更加明智。当然没人听我的话，可到了1932年，我心想事成，投了罗斯福一票，只要他活着，我的票就会投给他。我认为他是我们最伟大的总统之一。1941年，他帮助了法国和英国，因此挽救了国外的民主；他使美国政府成为实现公共福利的工具，而不是沦为资本的奴仆，因此拯救了国内的民主。因为他和他的继任者，美国的制度得到了极大地磨炼和加强，可以禁得起各种挑战和比较。那些大亨巨头的子孙才会为他塑像立碑。

消灭贫穷的战争还处在起步阶段，这是一项规模巨大且前所未有的事业，而且有资格犯错。城市里贫民区增多，种族仇恨在我们心里蔓延，这些都会阻碍消灭贫穷的战争。在这些方面，西欧要比美国幸运得多。训练有素的官员更好地管理着那里的城市，社会秩序的传统更为深刻地扎根于时代和人的品性中，未被同化的少数族裔也相对较少。我每年都要去一次纽约，却惊讶地看到外国移民涌进纽约，白人搬出纽约，出生率出现了差异，这些情况交织在一起，就使得我们最好的城市里到处都是贫穷的外国人，没钱的白人搬不出纽约，只能和外国移民混居在一起，他们的周围是一片贫穷的飞地——一栋栋高楼组成的"水泥森林"。那些水泥森林中的酒店或办公大楼的拥有者都是骄傲的郊区居民，他们早晨进城，下午则逃离城市。种族仇恨、阶级战争、救济支出可能会导致城市破产，难道我们的大城市注定要深陷在这样的泥沼中？我们要如何吸收这数百万充满敌意的人，让他们也过上美式的生活？

若要实现这个目标，就要把他们的孩子送进我们的学校，送进我们的政治机构，让他们在"机会均等"的经济体制下接受技能培训。在十年或更长的时间里，会有猜疑、怨恨、混乱和暴力，但这些都会渐渐平息。一个多世纪前，当"一无所知党"及其领导的骚乱遍及美国时，身为天主教徒十分危险；现而今，在我们的许多城市里，不成为天主教徒才是危险的。我年轻时，身在美国的意大利人干的都是挖沟的活计，而现在的意大利人则控制着美国最大的银行。想想过去半个世纪里美裔犹太人的进步吧，在我年轻时，他们住在纽约下东区，焦虑疲惫，穷困潦倒，如今那些犹太人的后裔是洛杉矶人数最多、最富有、最受人尊重的族群之一。对于我们那些肤色更深的兄弟姐妹，历史并没有阻止他们有类似的成长。熔炉依旧在运转，不过不是融合血统，而是通过提升教育水平和生活标准来实现融合。因为肤色的差异和移民过多，融合过程有所阻滞；然而，在现今的美国，还是有成千上万的少数族裔在蓬勃发展。再实行半个世纪的全民免费教育，让更多的人实现就业，从而提升智力和责任感，将会有多少少数族裔在美国安家落户呢？

对于教育制度，我认真听取了一些有益的批评。对于教育，我自己的判断并非源自系统研究，而是源于1938年前我在公共学校、私立学校、学院和大学里任教的实际经验。在我看来，欧洲的学校和学院在知识、思维能力、品格和心灵磨炼等方面给予学生的训练，要比我们的好。但我并不指望我们学校的做得更好，我希望他们在数量和覆盖范围上能做得比较好。我看到他们对批评作出回应，检查疏忽之处，削减虚饰，提高包括少数族裔在内的所有人的智力水平和知识结构。这是一项崇高的事业，面对的却是冷漠、偏见和纳税人的反感；可我始终坚信我们的人民和我们的教育机构有勇气证明美国在历史上拥有正当的地位。

我知道民主的缺陷在哪里，我过于轻易地大肆宣扬和谴责这些缺陷了。通过历史和旅行，我了解了其他形式的政府。我读过关于路易十四的史料，知道他的华丽长袍和恢宏的凡尔赛宫；可在价值不菲的外表下，我看到了拉布吕耶尔 (La Bruyere) 最著名的篇章里描绘的那些被非人化的农民。我并不希望把莫斯科或北京变成华盛顿或洛杉矶。我相信，相比在贵族制度或君主制度下，或在依旧受到贵族特权制约的民主国家里，在民主制度下，美国有更充足的机会日臻成熟，拥有更大的影响力。对于我在美国享受到的思想自由，我心怀感激，我不认为我可以在其他任何地方找到如此宽阔和开放的道路。

我意识到很多罪恶玷污了我们的历史：侵略战争、幼稚的沙文主义、政治腐败、商业欺诈、种族不平等，以及犯罪激增、婚姻破碎、道德沦丧、艺术颓废。我并不盼望人类会改变本性，以消除所有人类罪恶和疾病的生物根源。对于这些问题，悲观主义者的呐喊是正当的、有用的。有最好的，就会有最坏的。如果开国元勋能起死回生，一定会惊讶于我们在减少贫困、苦工、文盲和政府暴政方面竟然有这么大的进步。托马斯·莫尔（Thomas More）、塞缪尔·巴特勒（Samuel Butler）、爱德华·贝勒米（Edward Bellamy）、H.G.威尔斯（H. G. Wells）等人所描绘的乌托邦在很大程度上已经成为现实，普及教育、成人普选权，等等，这些都是18世纪的哲学家们的希望和梦想。

让我们继续抱怨，继续要求和继续反抗吧；这也是我们美德的一部分。可就我个人而言，我很幸运，一生无忧（无数美国人或许会说同样的话），如果我不感激命运把我送到这里——居于大海之间，得享自由，那我就是最忘恩负义的人。

第
十
八
章

论社会形态

CHAPTER EIGHTEEN

On Capitalism and Communism

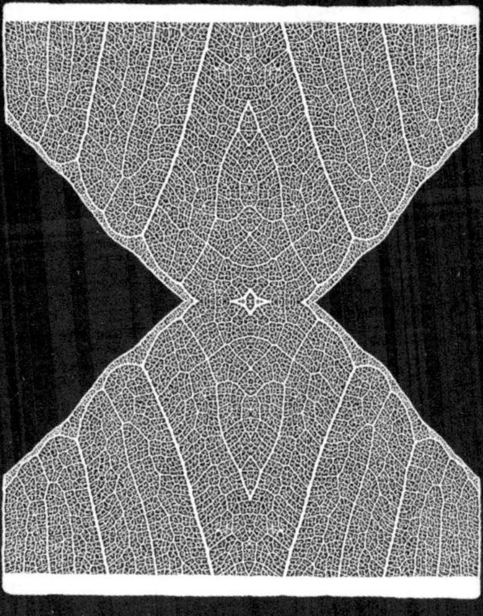

为什么年纪越长，就越保守？这是因为我们在现有体制中找到了一席之地，获得了更高的收入，并将我们的积蓄都投到经济中，而任何重大的反叛行动都可能让我们损失惨重？我相信这是主要原因。可我们也应该承认还有第二个原因，对保守者来说，这是根本原因，因为人类越来越了解人类本性，知道人类行为对实现理想的所有限制。或许还有一个生理因素，随着时间的推移，人类的生命力在逐渐降低。

我自己从虔诚的激进主义到谨慎的自由主义的转换或许能说明这种变化，这或许也会让读者对我的结论存疑。我在其他地方讲过这个故事，在此总结一下。我出生在一个罗马天主教家庭，家人都是坚定的共和党人，在一年内（大约是在1905年，十九岁的时候），我一跃成为一个不可知论者和社会主义者。1909年，我进入了一所天主教神学院，妄想当上神父之后就能影响教会，让他们支持社会主义思想。1911年，我离开神学院，成了纽约费雷尔现代学校里唯一的老师和首席学生。费雷尔是西班牙的一位殉道者，他反对教会控制西班牙的学校，费雷尔现代学校就是以他的名字命名的，由以埃玛·戈尔德曼（Emma

Goldman)、亚历山大·伯克曼 (Alexander Berkman)、哈里·凯里 (Harry Kelly) 和伦纳德·阿伯特 (Leonard Abbott) 为首的一众无政府主义者和社会主义者管理。戈尔德曼崇尚自由，有些教条和独裁。伯克曼是个真诚且可爱的工会主义者，在二十二岁时曾试图刺杀卡内基钢铁公司的负责人亨利·克雷·佛里克 (1892年)；1919年，被流放到俄国，后因理想破灭，1936年在绝望中自杀于法国。凯里是个不知疲倦的狂热信徒，他反对我在《大地之母》(Mother Earth) 杂志上的一篇文章，理由是我遵循的是社会主义路线，而不是无政府主义路线；后来我了解到，反抗者和其他人一样都有着相同的本能，却没有让别人遵守规矩的威慑力。阿伯特是一位极富修养的"哲学派无政府主义者"，他对自由和反叛的信仰因为开放的思想和宽广的胸襟而少了几分极端；我们称他为"激进运动的天使"，这个称呼没有任何经济方面的意义。他是我认识的最出色的人之一。

从 1905 到 1916 年，我一直是一名社会主义者，因 1916 年为伍德罗·威尔逊 (Woodrow Wilson) 的竞选连任工作，由此背叛了这一信仰。社会主义日报《纽约呼吁》(New York Call) 用一篇尖刻的社论谴责了我的变节，那篇文章名为《我们认识这个杂种》(We Know This Breed)。我加入了阿莫斯·平肖 (Amos Pinchot) 的"威尔逊志愿者"组织，在纽约州各地巡回发表竞选演说。身为政治哲学家的沃尔特·李普曼 (Walter Lippmann) 在会堂或剧院里举行的大型聚会里发表演讲 (1916年)，我负责在街上向小团体宣传。结果，威尔逊在这个州竞选失败。

我对社会主义的同情在那次选举中幸存了下来，并且因为俄国革命 (1917年) 而再次沸腾，我把这场革命誉为全人类的福祉。这种信仰一直持续到1932年，当时我和阿里尔去了西伯利亚和俄国在欧洲的部分。在那里，我们没有看到乌托邦，看到的只有混乱、管制、残暴和饥饿。我们回来时是那么失望，信仰也不再像以前那样忠诚了。我匆忙在杂志上写了一些文章，并把这些文章汇成了一本小书《俄国的悲剧》(The Tragedy of Russia，1933年。1922年12月30日苏联成立，但杜兰特在本书中皆用俄国指代苏联)，为此，我失去了一些纽约的激进派和文人圈子里的朋友。

当然，我在1932年对俄国的判断十分愚蠢。虽然我对历史很痴迷，可我还是没能以史为鉴，来解读这些可怕的情况。我忘了几点：第一，几百年来，俄国经历了残酷的剥削和极度贫困；第二，俄国刚刚发动并输掉了一场破坏国家秩序和经济的战争；第三，这个全新的国家不得不倾尽全部的人力和物力去击败敌人和昔日的盟友，从德国到日本，交战的阵线有十几个；第四，十五年并不足以平息混乱，恢复秩序，或把痛苦和饥饿转变成富裕和满足。我没能意识到，在1917年的经济萧条中，人们大多是文盲，地方和中央政府崩溃了，根本不可能建立和平与有效的民主。1917—1932年的俄国处在战争中，遭遇围攻，随时都有被征服和解体的威胁。俄国做了任何一个身处如此境况的国家都会做的事：它将民主视为秩序、安全与和平的奢求，把独裁政权作为解决这一灾难的唯一办法。那些年，共产主义是一种战争经济体，如果陷入另一次世界大战，我们自己也可能不得不求助于这种形式；也许共产主义的延续取决于战争的持续威胁和对战争的恐惧。

与此同时，那个曾经残酷的独裁政府以其成就震惊了世界。仅仅过了五十年，俄国就成了地球上最强大的国家之一。尽管遭遇了旱灾、饥荒、叛乱、清洗，经济和政治政策也出现了无数错误，俄国政府还是把它的人民带出了泥淖，实现了沙俄时代闻所未闻的繁荣。如果俄国不是被迫在军事重组和武器装备花费如此多的人力和物力，或许会像西欧一样富裕。1941年，俄国遭受了当时最强大、受过最好训练、装备最精良和指挥能力最强的军队的攻击，俄国的守卫者被赶出俄国位于欧洲的部分，来到伏尔加格勒，尽管如此，俄国的士兵和人民还是以英勇的气概和不屈不挠的精神，把侵略者赶了出去，攻入柏林，并且终结了第二次世界大战。美国的物资使得这一历史性的反攻成为可能，而使其成为现实的却是俄国人的血肉之躯。

为了终结严酷的经济萧条，20世纪最优秀的政治家之一罗斯福提出了"福利国家"的概念。杜鲁门总统继续推进了这一和平革命，约翰逊总统将之发扬光大，到最后只有英国能略胜我们一筹。这几届民主党领导的政府并没有实行社会主义制度，可他们实现了资本主义和社会主义的黑格尔式的合题，像诺曼·托马斯（Norman Thomas）这样的终身社会主义者会觉得他们不虚此生。

福利国家的缔造者意识到了资本主义的好处：1789年后，自由放任的政府允许人类自由发挥贪婪和竞争的本能，给发明、企业、生产和商业带来了创造性的刺激。可他们也知道，不受约束的自由允许经济能力的自然不平等发展为财富的极端集中，而这些财富中的大部分都被再投资，用于加速生产，这造成了周期性的萧条，危及资本主义体系的生存。就算发明、机械化、出色的管理使得生产倍增，可如果人们的购买力没有出现相应地增长，又有什么用？

越来越多的资本家在民主党总统的指导下认识到，通过工会、支付更高的薪水以及把更多利润和薪水交给政府，他们就能拯救自己，甚至能让自己变得更富有。不断上升的税率使得联邦和地方政府能够将资金分散到救济金、养老金、社会福利事业、教育、医疗援助、住院治疗和市政工程中。一些集中的财富得到了再次分配，人们的购买力更加接近不断扩大的生产能力；这一制度发挥了作用，扩大了财富，直到财富再次集中，需要另一种分配。

年复一年，美国政府攫取和分配了更多的财富，管理或控制规模渐大的经济体。社会主义在不破坏资本主义的情况下融入了资本主义；开拓精神、竞争和对利润的追求依然享有激励性的自由；巨额的财富仍在创造中；有些财富被浪费在了奢侈品、寻欢作乐或炫耀上，一些女孩子初次进入社交界的派对要花费五万美元；为了避税，一些财富流向了通常有利于教育、科学、医疗和宗教的"基金会"；但大部分新财富都到了政府手中。美国政府提供的福利服务随之扩大，再加上自动化生产和分配合理化，把贫困率降到了迄今为止历史最低，虽然贫困依旧存在，且不容忽视。现在，相互竞争的两个社会体系——社会主义国家和资本主义国家，正面对面地为人类的忠诚而竞争。

一般来说，内在的自由与外在的危险呈反比：危险越大，自由就越少。美国的自由度降低了，原因在于有了飞机和导弹之后，海洋也不能保护我们免遭外敌攻击。随着通讯和运输技术的进步，国界不再构成障碍，所有大国都陷入了一个危险的网中，这个网络侵蚀了自由，导致了强制秩序。在下一次世界大战里，所有参战国政府都会施行独裁统治，但所有相关的经济因素都将具有社会主义色彩。

资本主义社会依旧会有生产和消费的周期性失

衡；广告、商标和交易中依旧存在诈欺行为；大公司依旧会打压竞争对手；机器替代了人工，导致非自愿性失业，就连技术工人也丢了工作；巨大的贫富差距引发穷人的怨恨。

在西方，随着私有财产创造的财富越来越多，并且独立于政府控制，这样的自由会日益削弱吗？正如拿破仑战争促进了西欧工业和资本主义的发展，南北战争在美国也产生了类似的效应，两次世界大战加速了个人资本主义向国家资本主义或政府控制工业的转变。很多迹象显示，人类的本能、冲突的危险性和必然性以及交流和贸易的增长，最终使相互竞争的经济体具有了根本的相似之处（与此同时，敌对政府会凸显这种逐渐减少的差异，以便催生对国家战争有用的仇恨）。

经济体若想成功，就必须激发出人们贪婪的本能，也就是对食物、商品和权力的渴望，资本主义从未压制这样的冲动。对普通人来说，利益并不是生活的全部，可在中产阶级身上，这种渴望就十分强烈，要知道，也正是中产阶级这一半人迟早会重塑美国的经济和法律。仅次于贪婪本能的是两性交合与玩乐的欲望。人类的第三种本能战斗和竞争的冲动，这在资本主义制度下也得到了一次强烈的释放。毫无疑问，竞争冲动也推动了工业产品的发展。如果没有福特汽车公司和通用汽车公司持续不断的竞争，他们的汽车会变成什么样子？虽然存在秘密和非法协议，然而，在制造方法、质量和价格方面，所有美国产品都面临激烈的竞争。俄国1960年之前的快速发展在多大程度上归功于对外国发明和技术的自由模仿（这二者本身就是自由开拓和竞争的结果），以及外国的机械和外国技术人员的引进？

群居的本能偏爱社会主义体制：大多数人满足于追随一个领导者或加入一个群体，并为此感到高兴。美国也有群体，可它们只是孤独个体的藏身之所，而不是由集体行动、自豪感和理想所激励的合作团体。在西欧和美国，渴望隐私、自由迁移、特立独行这些与群居本能相反的渴望发挥了越来越大的影响力，而这在俄国从未出现过。总而言之，普通美国人（尽管被忽视的少数族裔和下台的政客会抗议这种说法）似乎更快乐，笑得更多，可以更愉快地去冒险，更自由地犯罪。

第十九章

论艺术

CHAPTER NINETEEN

On Art

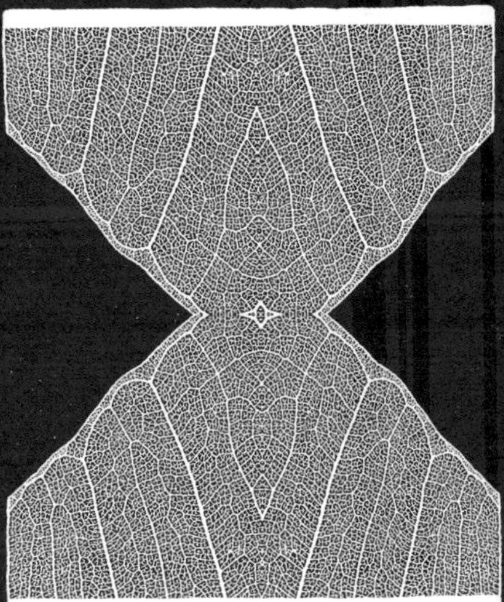

我现在有些后悔，不该在本书的开头夸口说，我要将自己对我们这个时代所有重要问题的看法都表达出来。我希望在进坟墓之前公开表明我的态度。然而，我早应该意识到，在几个基本问题上，我只能在无知和偏见的深渊中表达自己的看法。

首先，我是个艺术门外汉。我从未创作过一件艺术品——从幼儿园起就没有画过一幅画，从来没用油灰或蜡制作过雕塑，就连户外厕所也没修建过。在有生之年（从1885年开始），我都不敢说我对任何艺术的创作技巧和方式有所了解。在过去的五十年里，我一直在致力于研究过去的艺术形式；不管是有意还是无意，我都倾向于把这些形式理想化。有些艺术家忽视过去的艺术形式，否认它们是榜样，是标准，我对此持怀疑态度。我可能对于艺术本身有点儿偏见。因为我在"文化大爆发"中感觉到了一些肤浅和虚妄的东西，我们坚持让其他人知道我们去听了那些让人厌烦的嘈杂的音乐会，或者去过把胡写乱画当成画作、把废弃的东西当成雕塑的博物馆。我并不认同那些说话浮夸的美学家的观点，即没听说过毕加索的人是野蛮的粗人。尽管如此，我仍在研究艺术。

是怎样的需要和冲动促使一个人花费数年来准备，然后通过数月的劳作创作一件艺术品？可能是因为他想要表达自我、思想和情绪，渴望与众不同并有所回报，或者是因为他比我们大多数人都更敏锐地感知美，抑或是因为他希望在意义更明确、魅力更持久的视觉中，将部分的美与实际存在却转瞬即逝的形态所隐含的意义结合在一起。通常，他所看到的比我们看到的更多，更详细，更强烈；他希望移除一些感知因素，以便让我们的眼睛和灵魂能更清楚地看到一个场景的本质和意义。为了做到这一点，他有意牺牲了美，在墙上或油画布上画满了扭曲的人物，就像埃尔·格列柯 (EL Greco) 或莫蒂里安尼 (Modigliani) 一样，或是像博鲁盖尔斯 (Brueghels) 那般画傲慢的农夫，抑或是像希罗尼姆斯·博施 (Hieronymus Bosch) 一样以混乱的恐怖为题材。

相比描述上帝，哲学家更加不愿意给美下定义。亚里士多德认为美的基本元素在于对称、协调，以及一个统一的整体中各部分的有机秩序。就和亚里士多德在戏剧方面的统一律一样，这个概念是文学艺术中的典范，可它将浪漫主义精神引向了叛逆和自负；对他们来说，过度是成功秘诀，感觉，而非理性，才是艺术的源泉和信息。许多日本艺术家厌倦了对称、协调和秩序，在对规律的惊人偏离中发现了美或满足。

美感中存在着多种主观因素，因此，除了最广义的生物学术语外，不能客观定义美。一个臀部丰满的女人在霍屯督人眼里或许很美，而在饥饿的土耳其人眼里则美味可口［翻阅伏尔泰的《老实人》(Candide) 这本书，就能知道在围攻战中肥臀能让人免于饿死］。然而，有个因素尤为普遍，大多数高级动物的行为，和人类的所有努力一样，都是在异性身上寻找美。美感或许就是性欲、性展示和性选择的衍生品，随着欲望和生殖力的消退，人们往往也会失去审美渴望。对于一个正常的男人而言，最基本的美在于女性的身材、容貌和附加物。浑圆的体形似乎比干扁的体形更美，因为女性的外表就是曲线的综合体（所以说立体派是种病）；对于健康的男性来说，没有哪种音乐能像莎士比亚所认为的"女人最好的优点"——"轻柔的声音"那么令人心旷神怡，没有哪个管弦乐队能与正值青春年华的女歌手的声音相比。

从这个生物学上的起源，美感通过女性平滑的肌肤、窈窕的身姿、明艳的肤色、芬芳的体香、悦耳的声音，有意或无意地延伸到存在于物体身上的次级根源，在服装、装饰、雕塑、绘画或音乐中，使我们想起女人。最后，美感，特别是在求爱和婚配时，会以自然界中较为柔和的形式溢出到第三层次的源头，比如宁静的景致、坡势缓和的山丘和潺潺的流水。相比之下，女性对男性力量和安全感的欣赏则可能演变成一种崇高感，这种崇高感是由恢宏的建筑、巍峨的山脉、雄伟或攻击性十足的大海唤起的。

对于像我这样一个努力具有古典的浪漫灵魂（一种因为感情而激动，却以克制情感为荣，并崇拜形式的精神）的人来说，当代艺术最令人苦恼的特点就在于它对美的反叛。当代艺术的目的在于表达情感或态度，而不是创造出令人愉悦或给人激励的形式。就和"现代"或"进步"女性决心消灭她们衣服上所有美的元素一样，自塞尚以来，绝大多数杰出画家都对美嗤之以鼻，自从德彪西以来，绝大多数作曲家宁愿在妓院里被发现，也不愿意被人看到他们有意创造出和谐悦耳的悠扬乐曲。

在工业革命的影响下，我们或许已经习惯了方形、角和直线，习惯了那些巨大的机械和花花绿绿的闪烁灯光；民主或许已经使得西方人的审美具有共性，羡慕力量，对魅力迟钝。卢梭和个人主义者对文明的反抗已经抛弃了理性和控制，陷入了对野蛮形式的幻想崇拜中；对新形式的偶像崇拜演变成了对离奇之物的崇拜。"如果上帝不存在，"伊万·卡拉马佐夫 (Ivan

Karamazov) 若有所思地说，"一切都是被允许的。"这位不拘一格的艺术家说，如果没有规则、标准或模范，我就可以把一切都表现为艺术，不管它是多么不成形；我就不需要学习绘画，因为不成形的颜色足以打动普通人，欺骗百万富翁。

对于这一变革，我必须予以一定程度的让步。我承认变化和尝试的确是发展的必要因素。我可以理解新艺术不愿意继续画那些风景、漂亮的脸蛋和有钱人的画像。我也理解为什么年轻艺术家厌恶听到米开朗琪罗和拉斐尔，不愿意听到提香 (Titian)、菲迪亚斯 (Phidias)、普拉克西特利斯 (Praxiteles) 和多纳泰罗 (Donatello)。他们已经受够了神明、主教、圣徒、将军和政客这些题材，甚至画够了坐在秋千上衣袂飘飘的窈窕淑女。

但是反叛者把他们对传统和模仿的反抗发展成一场为了创新而创新的骚乱。和很多游客一样，他们误把新奇当成了美：他们把所有形状都简化成了立方体，把所有的画作都缩减成了点，把所有现实都当成了"超现实主义"的梦境，把所有雕塑都变成了用平淡无奇的金属制品、一大堆粗鄙的金属或石头的拼凑物。最受欢迎的画家用他们的颜色画出了抽象派作品，没有任何形式，没有追随任何逻辑或主体，没有传递任何意义，让那些曾在欧亚受人尊敬的艺术中发现秩序和意义的人惊愕不已。

抽象艺术在追随形式和体现目标的时候可以很高尚。艺术的存在不仅仅是为了表达情感、渴望和思想，还为了能将这些传递出去，否则一个夸赞自己所卖报纸的报童都会成为值得重视的艺术家。伊斯兰国家的地毯或米哈拉布(Mihrab)的抽象艺术中可以有美，但这些抽象艺术在发展过程中遵循了一条线或一个主题，从而在颜色和形式上给人视觉享受的同时也取悦了心灵；通常，这样的艺术都能满足一定的目的，即使只是指出一个方向，或是支撑膝盖。抽象的中国艺术可以具有相当的美感，可中国的抽象艺术却具有正式结构和装饰价值。任何艺术，一旦没有了规定的形式，就堕落成散漫的心灵表现出的空虚浮夸。

有一段时间，康丁斯基(Kandinsky)的主张吸引了我，他认为，抽象派画家或许可以像作曲家操纵音调那样巧妙地处理色彩。在某些情况下，这个愿望似乎成真了，然而，总的来说，基督教国家的抽象派画作都缺乏欧洲大师纯音乐和抽象音乐中的秩序感。很多古典音乐，就像巴赫的赋格曲、汉德尔的大协奏曲、莫扎特的奏鸣曲，都不富含任何意义，也没有讲述什么故事，更没有传达任何思想；然而，这些音乐传递的是某种感情，或是快乐，或是悲伤，或是沉思，或是虔诚，或是冲突，或是和平。赋格曲或许没有任何含义，却有形式、逻辑基础、结构和发展，就像一枚导弹，先是起意制造，然后组装，最后发射飞行。艺术的精髓，如同美的精髓一样，不在于内容或元素，而在于结构和形式。

我用"增强生命力"来回应许多"现代"艺术——我指的是自罗丹和塞尚以来的艺术。罗丹并非最后一个雕塑大师；我在伊凡·梅斯特罗维奇 (Ivan Meštrović) 的雕塑里发现了恢宏，在雅各布·埃伯斯坦 (Jacob Epstein) 的巨像里感觉到了力量，而亨利·摩尔 (Henry Moore) 的扭曲雕塑令我不寒而栗。在塞尚的扭曲、模糊的线条中，我看到了尝试的价值；我可以努力调整自己，以适应他的斜面和螺旋线，他的圆柱体、圆锥体和立方体。我知道，在不讨好收藏者的时候，只要毕加索愿意，他就可以创作出任何精美的作品。在我这个时代的艺术家中，我最推崇墨西哥的壁画家，比如里维拉 (Rivera)、奥罗斯科 (Orozco)

和西盖罗斯（Siqueiros），他们用强有力的大量色彩和形状来宣示他们的思想。可当看到可怜的莫蒂里安尼的那些丑陋的人物时，我嗅到了腐朽的味道。我还没有病到去喜欢病态艺术。

我欣赏我们这个时代的建筑，除了那些破旧不堪、摇摇欲坠的房子，以及风格奇异的教堂，它引起的更多的是好奇而不是崇拜（没准儿它们那横七竖八或摇摆不定的风格揭示了我们在天空中寻找上帝的绝望）。我欣赏我们的摩天大楼，我觉得它们不仅是财富的纪念碑，还是科学向艺术的转变，是那些有计算勇气的人在万有引力、不稳定性和解体的力量面前发出的强有力的挑战。我说帝国大厦可以和沙特尔大教堂相媲美，这逗乐了我那些有修养的朋友，不过它还比不上我最喜欢的建筑——巴黎圣母院。

路易斯·沙利文（Louis Sullivan）宣称"形式必须追随功能"，由此开辟了自从文艺复兴时期以来建筑业的第一次创意革命。然而，这种美好的新形式可能会因为过分强调功能而使自身过气，毕竟一切都被简化成了笔直的线条和长方形，将庙宇变成了用钢铁、石头和玻璃制成的盒子，把人们禁锢在有可出租空间和时间的静态立方体中。我们相信，很快就会有人主张恢复曲线，恢复温和的装饰，从而将女性的柔美和男性的阳刚结合在一起。

与此同时，新艺术仍不断诞生。为什么我们不应该承认，一辆漂亮的汽车比我们这个时代的大多数雕塑更符合我们的审美？百货商店提供的纺织品、金属、玻璃和木器等可爱的东西让我又惊又喜，难道我们不应该为这种令人愉快的实用和美的结合感觉羞愧？工业设计几乎美化了我们日常用到的一切，让我们把它们列入艺术的行列。一些陈旧的技术被新技术所取代，某些当代艺术的弊病可能只是陈旧形式的自然淘汰而已。天地万物都处在变动之中，或许除了我们的种类、偏见和品位。

不以科学为基础的艺术是贫乏的，不以艺术为基础的科学是野蛮的。让每种科学都努力以美和智慧来完善自身，当科学变成艺术时，会让我们真心欢愉。

第二十章

论科学

CHAPTER TWENTY

On Science

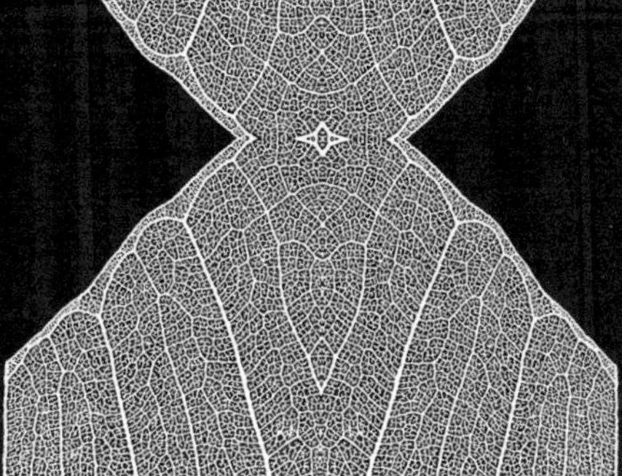

科学的进步早已超过了我的理解范围，我必须以谦卑之心对待科学家的见解，就像年轻时聆听神父和修女的教诲那样。所以我把分子分解成原子，将原子分解成电子，再将电子分解成像无处不在的天使那般神秘的力量的任务，留给了后人。

的确，一种全新的神职正在我们之外形成。其受戒成员所说的语言超出其崇拜者的认知范围；他们用甜蜜的赞美审查彼此，用专业的嫉妒审查对方；他们对待裂变的原子就像对待神圣的圣体一样；我们相信他们，因为只有他们能直接接触上帝，也就是说如果能拥有质量乘以光速的平方这样的能量，就能无限接近上帝。他们和神父不一样，他们允许新成员存在不一样的想法，但如果让这些人找到一个可靠的领导人，他们就成了一个广纳众意的团体。对于政客来说，他们如同围绕在国王身边、为国王举行圣化涂油仪式的神父和主教一般，用处很大，必不可少。

我尊敬他们，因为除非经实践反复证明，他们不承认任何真理。我向他们致敬，因为他们创造出了很多奇迹，比从前支撑宗教信仰的大多数奇迹都要神奇。据说，耶稣的门徒拥有"语言的天赋"。可现在呢，一个联合国代表和一百个人说话，片刻之后，他的话就能被翻译成五十多种语言，让对方听明白，我想就连耶稣的门徒见此也会惊讶不已。对于一个在华盛顿讲话，并让半个世界的人都能听见的人，他们肯定会谦卑地低下头。他们一定不会相信人造机器能把月球表面的照片传送给我们；也不会相信加州和缅因州的观众能看到在肯塔基州举行的赛马，实时、清晰、色彩鲜明，和现场观众看到的一模一样。我们确实生活在另一个充满奇迹的时代里，我们目睹了令人惊讶的新人类。

但是，破坏了我的宗教信仰的一些怀疑论已经变成了对科学的畏怯的怀疑。天文学家计算出了恒星之间的距离，地质学家告诉了我们地球的年龄和地层的年龄，这让我觉得难以置信。对于物理学家用变换的图片展示出原子的内部构造，我半信半疑；和帕斯卡一样，在难以理解的无穷小和无法实现且难以置信的无限大之间，我也有所怀疑。我把查尔斯·达尔文尊为现代欧洲史上最伟大和最温和的革命者，可我注意到，生物学家并没有解释一粒小小的种子是如何长成参天大树，树干上生出枝丫，树枝上长出叶子，叶子上生出脉络。我觉得生物学受到了两个误导：第一，过于广泛地应用机制这个概念；第二，不愿相信生物具有与生俱来的引导意愿。

看到这么多的科学天才投身于屠杀艺术，却鲜少致力于和平组织，我感到悲哀。然而，我意识到，科学家不一定要成为统治者，因为他们的天赋是用来处理思想和现实的，而非对付人类。与此同时，我呼吸的空气、喝下去的水、吃掉的食物都受到了科学产品的污染，工厂和汽车用的燃料、倒入河流和海洋里的工业废料、用于种植和加工食物或掩盖腐坏食物的危险化学品，这些都构成了污染。飞机发出的噪声越来越大，让我感觉震耳欲聋，而且它们随时可能掉下来把我砸死。有时我很想知道（正如一个世纪之前的卡莱尔一样），如果我们住在一个中世纪的农场，安于远古的贫穷，不关心村子之外的事务，并且相信上帝的智慧和公正，那么我们会不会更快乐？

我苦思冥想，希望能够炮制出改变这些弊病的妙方。很多年前，我曾为电动汽车辩护，支持取消加油站，设立为耗尽电量的电池快速充电的充电中心。我们的化学家创造出了这么多奇迹，却在过去的三十年里未能大幅提高电池性能。所以现在我想象着把电缆安全埋设在车道和高速公路路面下六英寸深的地方，每辆汽车都能通过可伸缩的手推车从地下电缆中吸取可计量的电能，在变换车道或方向的间隔则依靠其自身的电池行驶。我希望城市因为使用核电而变得十分干净。

在我的乌托邦里，包括哲学家在内，每个家庭都要花费半数的工作时间，在房子周围或附近的一块地里种植必要的蔬菜。可人类本性贪婪，再加上国与国之间的竞争，这根本不可能实现，所以，我请求我们的教育工作者在营养学、身体知识和健康保健方面，给予我们和我们的子孙充分的指导。我要求我们的医生在预防和治疗上投入同样多的时间，请求他们在治疗时减少对药物的依赖，更多依靠食疗和理疗这些自然疗法。我希望看到，就和英国一样，健康保险能惠及所有年龄段的人，并且费用适中；对于医生不愿意成为政府雇员，我持赞成态度。

自1921年以来，我一直猛烈抨击荒谬的心理分析。起初接触到弗洛伊德的梦的解析理论，我就对其嗤之以鼻。我做过春梦，但从未把这伪装成梦见了切蛋糕。弗洛伊德采用象征主义的理论来释梦，在我看来，这似乎只是病态的想象，怪异，没有说服力。我觉得他夸大了性，并且低估了经济问题对神经病的促发作用；我还怀疑"自由联想"能否成为诊疗手段。我不记得，也没有任何报告显示我憎恨父亲、对母亲产生过性欲；我不相信在一百个患有精神障碍的人中，有一个以上的人的病源于"恋母情结"。精神疗法确实帮助过很多患者，可少有以弗洛伊德的精神分析法为基础。在超越弗洛伊德自身实践和愿望的基础上，对弗洛伊德理论和方法予以吹捧和夸大，这是美国性革命中的一个插曲。

每一种解决方案都会暴露一个新问题。科技进步在带来新益处的同时也带来了新的罪恶，其最新的胜利是赋予脆弱的心灵以毁灭西方文明的力量。到了一定的周期，好斗的人类就会来到全面战争的边缘。如果这样的灾祸真的出现，科学或许就到头了。幸存者将逃离被摧毁的城市，逃到乡村去寻找或种植食物；大城市的时代将会终结，以务农为生的愚昧时代即将拉开序幕，正如野蛮人战胜腐朽的罗马之后的时代那般。宗教将作为绝望灵魂的慰藉而复活，而科学却因赋予人类超越智慧的力量而被诅咒。

我们需要更多知识，以适应教育和政府给予科学的压力，因为我们面临国际社会的挑战，要想迎接这些挑战，就必须跟上每一次科技进步的步伐。可我们需要的不仅仅是知识，我们还需要智慧和性格，如此才能带着远见卓识和谨慎、决心和克制来运用我们的知识。性格是什么？性格是理性的和谐，是与能力相协调的欲望层次。智慧是什么？智慧是一种运用经验来解决现有问题、从全局角度来分析局部、能在纵观过去放眼未来的基础上思考当下问题的方法。

我没有绝望。人类犯了无数事后看来十分明显的错误，却也做了很多伟大和崇高的事情。人类得到了基督的教导和斯宾诺沙的道德理论，建造了帕台农神庙和巴黎圣母院，装饰了西斯廷教堂，并且写出了《伊利亚特》《特洛伊女人》《神曲》《哈姆雷特》和《菲德拉》，谱写出了《弥赛亚神曲》，还有俄尔普斯为欧律狄刻所作的挽歌。有时候，人类会像阿育王、奥古斯那样，勇于叫停战争。

现在，谁会站出来把我们的知识变成智慧，把科学变成良知，让权力为人道主义目的服务，让霸权国家成为和平的联邦？谁能平息仇恨，并为我们这个四分五裂、互相残杀和自戕的世界降下和平？

第
二
十
一
章

论教育

CHAPTER TWENTY-ONE

On Education

赫伯特·斯宾塞曾在一本充满好斗精神的教育小书中向学术界提出了一个问题："什么知识最具价值？"他不满年轻人用好几年去学习业已消亡的语言、古老的文化和18世纪英格兰的那些令人疲倦的沉思。他称这样的训练只会让人体会到贵族式引经据典的无聊。斯宾塞受过工程师训练，生活在工业革命的全盛时期，听到的是机械对有能力之人的呼唤，高兴地目睹了中产阶级在经济领导和政治影响方面的崛起，所以他要求学校教育为现代生活作准备，从现实角度给予学生基础培训，让他们有能力应对科技和贸易的问题。

他的文字清晰有力，具有强烈的时代精神，临终之前，他的事业获得了成功。美国没有强大的传统来阻碍他，所以人们很乐意聆听他的见解；德国利用法国的赔偿，仅仅经过一代人的努力就实现了工业化，以其特有的彻底性应用了全新的教育理论；日本在外界的强迫下，摆脱了以往自给自足的农业社会，转变成商业和工业国家，他们以一种焦急的皈依者的过分热情投身于技术教育；在我们的眼皮底下，俄国在国家政策和年轻人培训方面表现出了对工业化的狂热，知识就是力量。

我们的教育者曾经勇敢地在美国学校中强调科技教育，现而今，他们却因为所取得的胜利而不安，悲伤地看着他们业已实现的梦想。他们并不十分后悔自己的努力，也不打算收回自己的目标；他们很清楚，现代国家必须在工业和附庸之间作一个选择，以面对工业化世界所带来的竞争；这些事不是选择问题，因为国家无法在自由或和平的真空里生存。可我们那些清醒的教育者觉察到，经过了几代学者的努力，他们还是没能培养出有教养的人或绅士；学校里奢华的配套设施并没有消除政治上的腐败、滥交或暴力犯罪；现在的人虽拥有超前的技术，但他们的聪明失去了道德基础，我们先辈所秉持的某些美德也不为他们所接受；对科学的重视并没有给人类的灵魂带来安宁。这些情况更多是由经济变化引起的，不能归咎于教育的疏忽；可教育者开始怀疑，是否学校并不是很崇拜智慧，并且对混乱和腐朽力量的抵制过于温和。当斯宾塞问什么知识最具价值的时候，他就道出了他私下里的假设，即教育是知识的传递。是吗？那什么样的教育才最具价值？

最具价值的教育便是要让肉体和灵魂、公民和国家了解他们和谐生活的所有可能。从三个基本好处可以确定教育的目标：第一，通过健康、性格、智慧和科技控制生活；第二，通过友谊、自然、文学和艺术享受生活；第三，通过历史、科学、宗教和哲学理解生活。教育包含两个过程，这两个过程相辅相成。在一个过程中，人类向成长中的个体传递了代代积累的丰富遗产，包括知识、技艺、道德和艺术；在另外一个过程中，个体将这些遗赠用来发展其自身的能力，丰富生活。当个体吸收了这些遗产，就从一个动物变成了一个人，从一个野蛮人变成了一个公民。如果他的领悟能力超强，或许还能从傻瓜成为圣贤。教育是生命的完善，即个人因民族的传承而得以充实。如果这一传递和吸收的重要过程被中断半个世纪，那文明就会终结，我们的子孙将比野蛮人还要原始。

可这些都是些乏味的泛泛之谈，在教育和哲学的殿堂里并非前所未闻。特别是从个人角度来说，我该希望我们的子孙接受怎样的教育，尤其是个人教育？首先，在自然和条件允许的情况下，我希望他们能够掌控他们的生活环境。健康是生活的首要条件，也是幸福最坚固的根基，所以，我希望看到他们接受丰富的知识和身体护理方面的指导。肉体是灵魂的有形形式和器官；按照令人惊奇的拉马克式的方式，通过生生不息的欲望和努力，使得灵魂形态的创造遵循功能，功能遵循欲望，而欲望是生命的真谛。因此，对身体健康和清洁的渴望并不是什么可耻的享乐主义；身体的清洁仅次于圣洁，如果一个人身心健康，是很难有邪恶的。我呼吁把健康教育作为从幼儿园到博士教育每个学年的必修课。我希望我们的子孙在十五年的学习生涯中，每天能有一个小时去学习身体的结构和功能，了解护理和治疗知识。我期待我们的医生能通过检查和指导在教室里提前练习从医，希望这能减少医院里经常出现的医疗事故。我希望，通过学校里不懈的教育和观察，牙医可以让我们的孩子习惯吃那些虽粗劣却营养丰富的食品，而不是只顾着敷衍不知情又局促不安的病人，从他们那些腐烂的牙齿中赚钱。如果真有一天，营养师终于弄明白了他们真正知道和相信的东西，我就请求他们每周在学校里教一个小时的饮食原则课，并且教上十五年，以便人们都能增长智慧，对从户外生活、物质生活向精神生活、静坐生活转变方面也做出相应的饮食变化。我希望能首先教授健康和清洁，并且盼望其他可以锦上添花的方面也都加入进来。

为身体打下了坚实的基础，接下来我就该关注性格的形成了。我应该恳求那些德高望重的校董好好执行他们为学校挑选教师的重要职责，而且如果有可能，还要对教师进行培训，这不仅仅是因为教师在一些令人难以理解的方面具有专业能力，还因为他们的性格、道德和举止或许会影响学生。道德和举止无法轻易传授给学生，但这二者却可以形成。绅士的出现，也就是说，一个对一切不断体谅的人，就像一块神秘的磁石吸引着成长中的灵魂。在我们的语言中，没有一个词可以形容曾经较为弱势的女性——男性的特质如今已被"绅士"这个词所包含；而一说到"女士"这个词，人们首先想到是佩戴珠宝的傲慢女士，而不是那些生过孩子并很爱孩子的为人单纯又善解人意的女性。如果我可以采用保守方式，我会在上课时间将男女生分开，虽然还是在同一所学校里教育他们；我会让有教养的绅士给男生上课，让受过良好教育的母亲教育女生。我无法肯定，受过高等教育的女性生育相对较少的部分原因在于，教导她们的女性老师由于经济问题和愚蠢的法律而不生孩子。

既然道德从生物学上植根于家庭，我认为道德教育就应该建立在有意提高家庭生活的基础上。古人的荣辱观与禁欲息息相关，我希望重建这样的秩序，并尽可能微妙地强调在正常的年龄结婚这一道德智慧。孩子是礼物，是我们为继承到文明遗产而给予人类的报答。我会坚定不移地反复灌输孝敬是道德的基石这一概念：一个好儿子会成为一个好兄弟、好父亲、好邻居和好公民。我希望家庭的原则能拓展到城市和国家；我期待这样的持久道德教育将有助于个人在某种程度上把邻居视为兄弟，在某种程度上把社区视为家庭，并且按照其自身发展和能力，对邻居和社区实施互助原则，在个人心中种下互助的种子，并将家庭作为社会存在的第一需要和社会组织的最高目标。

我希望从每个社区征求一些简短的道德理想，用于学校的日常灌输；一些适应城市和工业化生活方面的行为准则，以及适合激发个人良知、商业荣誉和公民自豪感的行为准则。我要请求每个州鼓励建立像童子军和女童军这样的团体，这么做可以让处在性格形成时期的青少年充满活力和健康，而只凭说教实现不了这一目的。正如亚里士多德所言，美德是一种习惯，而不是一种观念。我也不应该犹豫是否该在儿童心中建立深刻的爱国主义精神；因为尽管我尊重和珍惜所有丰富了我们种族遗产的国家和种族，但如果一个国家的公民不以某种特殊方式学会热爱他们的国家，以国为家，那么这个国家在遭遇攻击的时候要如何自卫？我会想方设法日复一日灌输蔑视暴力、尊重律法的观念，可我会捍卫自由，将其作为一个灵魂或一个民族的人格本质；我希望晚上能开放学校，只要社区内大部分人有需要，就能在那里举行任何公众集会。我希望不仅要让学生了解政府的形式和典范，还要告知他们政府千疮百孔的现状，以便我们的子孙不会把腐败看成自然和普遍存在的现象，但对政府的监督永远不能放松，直到我们的公共生活达到最清白和值得尊重的程度。简而言之，我向来不会认为教育的目的是为了培养学者，教育的目的在于塑造人类。

或许，我们应该要求教师传授给学生的基本技能就是自律能力，因为在这个多灾多难的时代，从长远角度来说，正如每个人一样，每个个体只有两个选择：有效的自律，或是真正服从。在某些方面，必须有自制力才行。在自律的艺术中，智慧和性格结合在一起，成为自控技巧中的第三种元素，而这正是教育的首要目标。苏格拉底觉得智慧是唯一真正的美德。如果人类能真正区分智慧和思维能力，我们就能他的观点里找出很多美德和智慧。思维能力是获取和积累思想的能力；智慧则是利用自身经验和他人经验，来使头脑清醒，实现目标。一个人或许有无数想法，却仍可能成为罪犯或傻瓜；然而，一个有智慧的人是不会沦落到这两种境地的。

我们要如何培养智慧？这是一个深奥的问题，我没有能力来解答，我希望有人能根据长期的经验和耐心试验来处理这个问题。研究表明，大多数学识都是在尝试和犯错中获得的，那么我们可以暂时得出一个结论："智慧很难在学校里传授，必须通过经验和行动来获得。"文学的价值在于可以给予我们自身经历以外的体验，举例来说，通过阅读修昔底德，我们可以了解希腊的历史；通过阅读陀思妥耶夫斯基，我们可以在某种程度上窥得沙俄时代的生活；通过阅读《拿破仑漫谈录》(Table Talk of Napoleon)，我们可以透过历史上最现实的漫浪之人的眼光看待这个世界。但这种替代性体验总是模糊和肤浅的。首先，因为只有最伟大的作家才能捕捉和揭示生活的本质和意义；其次，因为读到的东西很少能深深嵌入人们的记忆中，从而影响行为和性格。真正的科学能比文学更好地培养智慧。因为在经历过程中，科学讲求仔细记录，筛选证据，严格区分愿望和现实，尝试性地检测假设的结论，最后得出一些可验证的经验。通过数学、物理和化学，人们不仅可以学会根据证据去相信，而且可以学会带着怀疑的态度来权衡所有证据；如果我们可以形成这些思维习惯，读和听的能力就不再是获得真相的障碍，我们这个喧嚣的宣传时代或许就可以告一段落了。

或许在学校里培养智慧的最好方法就是学习手工和家务。所有男孩子都应该学会使用普通的木工工具和修理水管的工具，会简单修理家里的东西和机器；所有女孩子都应该学会烹饪、做家务和产妇护理的秘诀。简单的手工劳动里蕴含着很多乐趣，正如年长的拉比告诫我们的那样，即便是学者也会发现，如果能掌握一门手艺，就能避免出卖自己的研究成果来换取收入。

至于女孩子，如果不能打理家庭，照顾丈夫和孩子，那么学习外语、考古和三角学对她就毫无用处了；忠诚是通过胃来滋养的，美味的馅饼对于一夫一妻制的贡献比所有消亡语言都要大。对任何女人来说，只会一种语言就够了，一个好母亲比得上一千个博士。

健康、性格和智慧帮助我们掌控我们自己和我们的生活，这是自由个性的基础和教育的主要目的。然而，歌德一方面坚持性格决定一切，一方面却提醒我们，局限无处不在。我们引导自己生活的那个圈子其实很窄，那个圈子周围有我们的国家实施的生物、经济和政治方面的限制，除此之外便是偶然和难以预料的命运。教育在教会我们控制技巧之外，还应让我们了解控制的局限，以及优雅接受这些局限的艺术。一切的自然存在都是可以被原谅的。

在这些局限里，我们仍极有可能去获得一

生都消耗不尽的快乐。教育的第二个功能应该是培养我们如何去挖掘这些可能性。首先，我们周围有很多人，其中很多人非常讨厌。我们应该学会热爱我们个人的隐私小天地，将之视为我们的内心堡垒，但很多人都有可能成为我们的朋友，还有一些会成为我们的爱人。我希望我的孩子们在人际交往中学会互谅互让，懂得只要宽容，即便利益和观念的差异越来越大，也能维持一段友谊，让他们知道人人都很孤独，从而给予爱这株脆弱的植物以恒久的滋润。我希望他们了解爱的起源和发展，以便他们可以用适度理解的方式，来对待这一重要且有时具有毁灭力量的体验。我模糊地想象着这样轻松的人类关系课，每周一个小时，持续十五年，最后则以对婚姻的研究告终：研究最聪明的男性和女性、最机智的科学家和最宽容的哲学家对待婚姻的态度。

除了周围的人，我们快乐和痛苦的最大来源便是大自然本身。我希望我们的子孙能够在认识大自然之美的同时意识到大自然的恐怖，接受斗争、苦难、危险和死亡这些自然现象；可我希望保持对大地与天空的敏感之心，因为它们会用美丽和庄严感动我们的灵魂。年轻时，我曾经排斥天文学、植物学和鸟类学，认为这些都属于索然无味的学科；我觉得，即便不知道花朵、飞鸟和星辰的性质、关系和名称，我也应该能够喜欢。此时我怀疑当时的我错了，怀疑我们的子孙现在也错了，因为他们也像我一样固执，拒绝了解这些缺乏阳刚之气的科学。此时我希望自己能拥有更多的知识，从而分辨哪些是行星、哪些是恒星，分清什么是麻雀、什么是鹰，分得清哪些是菊花、哪些是玫瑰；我觉得如果我能更为详尽和逐一了解这些闪烁光泽的形态，能够叫出它们的名字，那我会更喜欢它们，哪怕只是获得人们看到熟悉事物时那种无意识的快乐。

我当然乐见我们的子孙熟悉自然界中数不清的物种；希望他们不仅热爱大自然的姹紫嫣红，还要热爱自然界中神秘的迷雾和成熟后的腐烂；希望他们像拜伦一样热爱大海，像特纳一样热爱阳光，像惠斯勒一样热爱雨水，像济慈一样热爱夜莺。我希望孩子们快乐地上自然课，学会辨认昴宿星团和了解如何打理花园。我希望他们去探索维萨希肯溪，在阿迪朗达克山脉露营，在数百条河流里泛舟，而这些河流都有着悦耳的名字，就好像吸引英格兰诗人建立乌托邦的萨斯奎哈纳河。我很高兴看到他们喜欢运动，当然更高兴看到他们一起运动。我认为游泳、棒球、橄榄球、篮球和其他需要充沛精力去完成的运动所需要和发展的智慧及性格，比学习古希腊语和拉丁语所需要的要多很多。

我觉得不应该用外语打扰他们。我学了七年的拉丁语和古希腊语，教授了四年这两种语言，断断续续运用了其中一种语言两年，有些时候我能从中找到快乐，可大多数时候体会到的都是语法带来的异常痛苦；这两种语言对于我喜欢或理解古典世界的本质几乎没有用；现而今，如果我想重温荷马或欧里庇得斯、维吉尔或卢克莱修，我不会去看那些在我记忆中与漫无目的的苦差事联系在一起的原作，而是去看查普曼 (Chapman) 或吉尔伯特·穆莱 (Gilbert Murray) 的译本，或是威廉·莫里斯 (William Morris) 和威廉·埃勒里·伦纳德 (William Ellery Leonard) 的译本。甚至现代外语也不适合课堂教学，无论人们多么耐心地忍受和阅读，都无法从书本里学会外语。如果想学法语，就和法国人一起住，把语法丢给那些语法家吧，他们是唯一会从此事中获利的人。据说，拉丁文有助于人们写好英文，或许确实如此，不过没什么能比拉丁语专家的英文更令人讨厌的了。就我个人而言，我宁愿去看培根、弥尔顿、爱迪逊 (Addison)、伯克 (Burke)、吉本、麦考利和纽曼 (Newman) 等人的作品来学习英语，也不愿意去学习一种与我的母语完全不同的语言。出于学术和历史研究的目的，应该鼓励语文学家去学习和保存拉丁语和古希腊语，但没理由强迫学生学习一门业已消亡的语言，强迫学生去学习过时的技艺。对于不再流行的语言，我们大多数人唯一能做的正确之事就是将之埋葬。

可在埋葬古希腊语和拉丁语之后，我又把曾经用来学习这两种语言的语法和词汇的大多数时间用于阅读古希腊和古罗马的文学，因为它们是那样充满生命力。直到不再阅读古希腊文之后，我才意识到古希腊的天才是如此之多。若是看原文，阅读欧里庇得斯创作的戏剧可谓是一个沉闷的任务；而吉尔伯特·穆莱的翻译虽然过分自由，却能起到启示作用；读者去看一个小时的《特洛伊女人》(The Trojan Women)，就能体会我为什么会有此一赞了。我希望我的学生不要学古希腊语，但不要漠视希腊文化；我愿意鼓励他们去研究这一繁盛的文明，以此作为衡量和照亮自己的某种标准。我希望引诱他们去看希罗多德的迷人文章；看普卢塔克写得惟妙惟肖的传记；与荷马一起悠闲地享受时光，在莎孚和阿克那里翁的诗中消磨时间；他们会看到梭伦为雅典立法，伯里克利治理暴民，德摩斯梯尼抨击煽动者，菲狄亚斯雕刻帕特农神庙的山形墙。然后我们应该去研究恺撒，并不是要关注有关高卢战争那些冰冷的絮絮之言，而是研究恺撒本人，研究他那鲜活的个性和悲剧；我们会沉浸在维吉尔的《埃涅阿斯纪》(Aeneid) 中，享受这个令人愉快的故事；我们会遇到亚瑟·墨菲所译的哥尼流·塔西佗的著作中早期的皇帝；我们会在吉本散文的海洋里畅游，与他一起经历中世纪较为阴郁的魔法、精妙的学术和田园的快乐，体会以敬神为名的屠杀、感性的诗歌和伊斯兰建筑上的装饰。

然后，文学将为我们打开第三扇享受生活的门。我们要阅读乔治·摩尔的《爱洛绮斯和阿贝拉》(Heloise and Abelard)，品味那些被认为是爱洛绮斯的美好文字；我们会和诺顿或者卡

里 (Cary) 一起，畅读但丁那令人愉快的《地狱篇》(Inferno)；我们将去波斯，使自己迷失在菲茨·杰拉德 (Fitz Gerald) 所译的奥马尔·海亚姆 (Omar khayyam) 的《鲁拜集》(Khayyám) 中的美妙四行诗里。我们将愉快地领略西蒙兹关于文艺复兴那令人兴奋的书卷；我们会聆听马基雅维利给恺撒·博尔吉亚讲述如何成为一个成功的马基雅维利式的君主；我们会让本韦努托·切利尼给我们讲一讲他那不可思议的冒险经历，会让瓦萨里扮演普卢塔克，给达·芬奇、米开朗琪罗和拉斐尔几个人看；我们会和蒙田一起微笑，和拉伯雷一起欢笑；我们会和堂吉诃德一起把风车打得稀巴烂，和莎士比亚一起伤心难过；我们将用培根的《论文集》(Essays) 提升我们的智慧，让费尔奈 (Ferney) 的圣猴磨炼我的语言；我们将阅读弥尔顿的诗歌，更多地阅读他的一流散文；我们会听卢梭的忏悔，让强大的约翰逊"先生"们尽情享受。

我们心甘情愿落入欧洲诗歌的浪漫主义运动中：我们将和拜伦一起烦恼，和海涅一起欢笑和哭泣，和雪莱一起希望和哀悼，和济慈同尝这个世界的美好和不幸；我们将和冉阿让一起探索巴黎的下水道，在迷人的小说《萨朗波》(Salammbô) 中探索迦太基战争的恐怖。我们将进入巴尔扎克笔下的拥挤世界，看着残暴的福楼拜把他书中的男女主角写得支离破碎；我们将和贝基·夏普 (Becky Sharp)、大卫·科波菲尔和匹克威克俱乐部一起，领略兴衰浮沉；我们将解析布朗宁，吟诵丁尼生的作品。接下来，我们会回家，让惠特曼为我们吟唱他的健康之歌；我们将和梭罗一起在瓦尔登湖畔削铅笔，伴随着爱默生的悦耳名言沉沉入睡；我们将缓缓阅读林肯的信件和讲话，让他博大精深的精神在我们心中酝酿，直到我们了解美国最坏的一面和最好的一面。

对于我们的学校里那些无助的少男少女，这是沉重的课程吗？然而，另外一种获得快乐的教育方法必须通过这些课程才能实现，而且这很最困难。我不应该用他们不喜欢的艺术去烦他们，因为美不需要被浪费在不愿听和不愿看的人身上；可如果他们对绘画、雕塑、建筑或音乐感兴趣，我希望能为他们提供所有机会。我希望他们一连四年每年都去听《皇帝协奏曲》(*Emperor Concerto*) 和《马太受难曲》(*St. Matthew's Passion*)，直到这些乐曲通过他们的耳朵，进入他们的内心，让他们永久脱离低级趣味。我希望能带最心甘情愿的学生去最好的博物馆，让他们在拉斐尔的《尤利乌斯二世》，或者伦勃朗的《拉比》肖像画和自画像前静静坐一会儿；如果可以，我希望能带他们去英国的大英博物馆，膜拜圣母得墨忒耳或菲狄亚斯雕刻的女神；我希望他们能在沙特尔、兰斯和希腊各待一个星期，在意大利待一个月，在格拉纳达待一天，以便了解发展并非规模的扩大，这样他们可能就会燃起完美之爱的火焰，这种爱是在生命的海洋中，在文明的火山上，在艺术的脆弱的堡垒上建立起来的。

当我的孩子们进入大学，我相信教育将为他们提供很多理解人生的方法。"但愿我儿子能学历史，"拿破仑在圣赫勒拿岛说，"因为历史是唯一真正的哲学，也是唯一真正的心理学。"心理学在很大程度上就是人类行为的理论，而哲学往往是人类行为的理想，历史是对人类行为的偶然记录。我们无法相信所有的历史学家，因为有时候，和阿克巴皇帝时期的历史学家一样，他们会被英雄吸引，给予英雄所有美德，把所有胜利都归到英雄身上。然而，如果不能以史为鉴思考当下，这样的人就不能接受从政教育，也不适合从政。所有小伙子和小姑娘都应该从高中开始，按照顺序回顾历史，但不是像我们过去那样从古希腊和古罗马开始——这二者只是古代世界的古老时代，而是应该从美索不达米亚、埃及和克里特岛开始，文明正是从这些地方传到了古希腊和古罗马，然后经它们传到了北欧和美国。

在高中二年级的时候，孩子们会通过布雷斯特德（Breasted）编写的《世界古代史》（*Ancient Times*）这样的优秀教科书来学习古代史，并且至少会偷瞄一下印度的释迦牟尼和中国的孔子；到了高三，他们会学到中世纪和文艺复兴，伊斯兰教科尔多瓦和巴格达的鼎盛时期，印度笈多王朝和莫卧尔王朝时期的强盛，以及中国唐朝繁盛的诗歌和艺术。

在大学的第一年，孩子们开始学习现代史，从路德、教皇利奥十世到法国大革命，尝试吸收欧洲文化的财富；第二年，他们会学习从1789年到二战期间革命和民主的变迁兴衰；到了第三年，他们的理解力比前两年提高了很多，并且开始学习美洲历史，从玛雅人和印加人直至他们这一代。这仅仅是初步了解历史而已。学院派的头脑难以理解大师的作品，比如修昔底德和格罗特（Grote），蒙森（Mommsen）和吉本，伏尔泰和基佐，兰克（Ranke）和米舍莱（Michelet），麦考利和卡莱尔（Carlyle），查尔斯·比尔德（Charles Beard）和马莉·比尔德（Mary Beard）夫妇等。但是从第一座金字塔到最后一次选举，却可以让年轻的学生对人类事务有一个这样的视角，会让他们思考或更聪明地周旋于他们这个时代的问题之中。

了解生活的第二扇门是科学，科学不仅是征服的工具，也是对外部世界的描述。这里有所有对天文学起源和形成的模糊假设，所有对地球地质历史的大胆猜想，所有有关生命起源和发展的理论。若要超越这些理论，就要亲自去田野、河流和森林里，对植物和动物进行研究；或许还可以通过在实验室解剖尸体以了解生命。最重要的是，现实地认识到，生活就是有关饥饿和爱、不平等和不安全、竞争与合作、淘汰和选择、毁灭和创造、流血和温情、和平与战争的问题。

若要理解生活，哲学是一个较为宜人的方法。在柏拉图看来，不应该给予年轻人这种"尊贵的乐趣"，因为大师说，年轻人争辩人生的问题，没有对真理的渴望，只有对胜利的盲目渴望；他们通过争论互相撕咬，而到了最后，真理都支离破碎地被践踏在他们脚下。或许大学生在大四那年应该用哲学史的课程来满足自身；这门课程应该围绕拥有伟大灵魂的人展开，将充满人情味的智慧注入青少年的心里。柏拉图的《理想国》或许是不错的授课内容，让学生们知道我们现在的问题其实由来已久，而且，在很多个世纪里，人类的本能毁坏了哲学家和圣徒的理想。接下来，趁着柏拉图的思想依旧萦绕在大学生们的思想中，就让他们接触一阵亚里士多德、齐诺 (Zeno)、伊壁鸠鲁、卢克莱修 (Lucretius)、埃皮克提图（Epictetus）、马可·奥勒留（Marcus Aurelius）、阿奎那、奥卡姆（Occam）、笛卡儿、斯宾诺沙、培根、霍布斯、康德、叔本华、孔德、斯宾塞、尼采和斯宾格勒（Spengler）。如果这些对他们来说太困难，那么就让学生们去看那些把哲学融入戏剧、小说和诗歌中的伟大作家的作品吧；让他们去熟悉索福克勒斯、欧里庇得斯、阿里斯托芬、但丁、莎士比亚、歌德、哈代、陀思妥耶夫斯基和托尔斯泰。如果大学生只知道这些哲学家的名字，并且因为他们而坚信哲学一定存在，那么这就是一件好事。到了暮年，如果生活让人们有时间进行思考，那么他们就会想起这些哲学家，并以一种强烈的决心同他们搏斗，以征服他们，并努力克服每一种信仰的障碍，从而获得更为清晰的见解、更为温和的抱负和不那么强烈的怀疑。或许，在这样畅通无阻的环境下，他们会发现所有哲学都是摸索，所有信念都只是希望；他们再也不会在心中和这些哲学家交战，也不会拒绝信仰任何真挚的信条；对人类的所有梦想深表同情，愿意用爱去理解人类所有疲惫焦虑的生活方式，这将使大学生的心胸变得更宽广、思想更深刻，也理解了圣人的平和与质朴、宽容与慷慨。显而易见，教育无法在学校里完成；学校只能给我们提供工具和计划，帮助我们进行更广泛的研究，从而控制、享受和理解生活。关于旅行，我没什么特别要说的，如果去的地方太多，又来去匆匆，就会使人的思想更为肤浅，并在偏见中得到印证，可如果能在国外居住，并且接受能力强，就能得到一种全景式的体悟，而这就是哲学里诱人的海市蜃楼。我没有提过那些旨在为学生的业余爱好作准备的技术学科，因为我觉得这不应该在大学时代开始。我希望高中和大学课程都缩短到三年。在头十五年的教育中，我希望能给学生们建立生理、道德和文化方面的生活背景，而把专项技术培训留到研究生阶段。我希望在我有生之年，半数的美国年轻人都能上大学，而这其中的一半人能够毕业于技术学校。随着发明越来越多，我们越来越需要训练有素的技术人员，而劳动力的需要则日益减少。在不遥远的未来，发明没有理由不用机器代替所有的粗活重活，从而只让人们从事生产中的智力劳动。未来，会消失的是工人阶级，而不是发号施令者。

我相信，欧洲的教育方式更为完善，成果也比我们的好。之所以如此，有这么几个原因：第一，较为悠久的历史和较为稳定的传统从一开始就阻断了那些花哨的东西；第二，他们明智地将学习时间都集中在了较少的科目上；

第三，男女分校，避免在学校里因为异性而分散注意力；第四，严格要求学生，既要求他们一丝不苟完成所有功课，也要求他们严格遵守纪律。我们不能期望与我们这个时代里最好的欧洲大学相匹敌，因为历史是每一所大学的主要组成部分。但我们应该把我们师范院校最有才干的毕业生派去英国、德国和法国，学习他们的教育方法，吸收他们的长处，以求超越他们。

尽管在这些蹉跎岁月中，我们遇到了重重困难，也经历了很多苦难，但我们完全有能力将美国建造得比以往任何时候都要更好。我们继承了无与伦比的自然资源，我们的人口依旧拥有活力、创造力和技能。在我们的传统中，在我们的图书馆中，在我们的学校中，有着来自各个大陆、数个时代的文化积淀，其范围和内容之广，无人能及，一个人能涉猎的不过沧海一粟。教育的功能和最高使命在于将这一文明遗产灌输给这一生机勃勃的群体，使大地的馈赠能得到比以往更明智的利用，使我们的富足能得到更广泛的分配，使我们的财富更加丰饶充盈，以形成更高尚的风俗道德、更深刻的文学和更健全的艺术。我毫不怀疑，以这前所未有的广泛教育机会和物质可能性为基础，我们一定可以创造出最好的社会和文明，并能够为人类遗产增添一些智慧和美好。

第
二
十
二
章

论历史的洞见

CHAPTER TWENTY-TWO

On the Insights of History

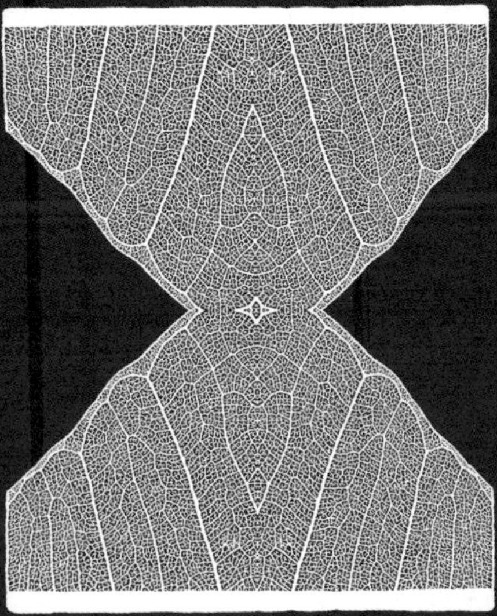

现在，对于我粗浅论及的问题，让我们来看看人类历史这个巨大实验室有什么看法吧。首先，几个世纪以来，人类的行为模式只能透过大量的历史来宏观了解，而不是通过孤立的片段来观察。说实话，这样研究历史并不受学者和专家的欢迎。但是，我们依然在继续。

"历史就是胡扯。"亨利·福特 (Henry Ford) 如是说。作为一个写了近六十年历史，研究了近八十年历史的人，我在很大程度上同意这位将半个世界都放在轮子上的伟大工程师。通常，从学校里学到的历史，就是一系列沉闷的日期和国王、政治和战争以及国家兴衰，这样的历史只会让肉体萎靡，让人觉得无趣、沉闷而无用。难怪这么多学生不喜欢历史，无怪乎我们很少有人能从历史中吸取教训。

但还有另外一种看待历史的方法：历史是人类从野蛮到文明的崛起；历史是对人类在知识、智慧、艺术、道德、礼仪和技能等领域持久贡献的记录；历史是一个实验室，那里正在经济、宗教、文学、科学和政权等领域进行着数以万计的实验。历史是我们的根，给予我们启示；历史是一条我们来时的路；历史是唯一可以明辨当下的光，指引我们走向未来；历史并非"空话"，而是正如拿破仑在圣赫勒拿岛上所说的，历史是"唯一真正的哲学，也是唯一真正的心理学"。其他研究或许会告诉我们能如何做，应该怎么做；历史则告诉我们，我们在六千年里是如何做的。如果人们知道了这样的历史记录，就能在很大程度上预先保护他们不受那个时代谬见和幻想破灭的影响。人们了解了人类天性的局限性，安之若素地忍受邻居的过错和国家的不完美。人们满怀希望地参与他们那个时代和人民的改革事业；但是，当人们意识到结果是如此普通，意识到六十个世纪以来，人类丝毫没有变化，可能即使一千代人之后，人类还是老样子时，他们的心不会碎，对生活的信念也不会消失。

谁认为历史已经结束，谁就错了。每一件过去发生的事都对当下有影响。所谓当下，不过是过去在现在这一刻的积累和集中。你同样也是历史，你的脸往往是你自己的自传。你之所以是现在这个样子，完全是过去的结果。因为你身上的遗传基因可以追溯到早已被遗忘的祖先那里，因为曾经所有影响过你的环境因素，因为你遇见过的那些人，你读过的每本书，你拥有的所有经验，所有这些都在你的记忆、身体、性格和灵魂中逐渐积累。城市、国家和种族亦如此，过去至关紧要，如果没有历史，就无法理解一个城市、一个国家、一个种族。会结束的不是过去，而是现在。我们这么关注当下，可当下会从我们眼前消逝，从指缝间溜走，进入我们称之为过去的生活的基座和母体。只有过去才是一直存在的。

因此，我觉得我们这一代用了太多时间去关注与短暂无常的当下有关的新闻，却未曾注意鲜活的过去。爆炸的新闻把我们搞得要窒息了，但我们却对历史缺乏了解。我们知道无数件关于今天和昨天的事情，我们知道无数人的经历、麻烦和伤心事，我们知道很多国家政策和主张，知道事业、军队和运动队的胜败，可是，一旦没有历史，我们要如何来理解这些事情，识别其中的价值，区分轻重，看到运动和变化的表面之下的根本趋势，并充分预见结果，以避免犯致命错误和加深不合理的希望？

"历史是用事例教育人的哲学。"博林布鲁克（Bolingbroke）勋爵引用修昔底德的话这样说道。的确如此。历史是一个巨大的实验室，它以整个世界为车间，以人类为素材，根据以往的记录获得经验。聪明人能从他人的经历中汲取经验；愚蠢的人甚至无法从自身的经历中汲取教训。历史就是他人的经验，不计其数，是很多个世纪以来形成的。如果能窥得一二，这些移动的画面就能让生命变得丰富，让理解力得到提升。我现在建议，去看看在生命的连续阶段和活动的主要阶段，人类都有哪些表现，然后问一问，对于我们这个时代的问题，是否可以从历史中找到解决办法。

我们的天性
OUR NATURE

一个孩子诞生了，历史将他视作数百万年的时光精华，在大部分时间里，他都是一个猎人，为了食物和生存而战，而他的对手是比他强大得多的野兽，他只有利用武器和工具才能打败它们。经过了这么多年，人类的基本天性逐渐形成——占有欲、贪婪、竞争、好斗和暴力。在形成文明以后，人类必须服从于具有强悍力量的国家律法系统，正如一个国家在建立文明之后，必须服从于具有强悍力量的国际律法系统。因此，我们必须放弃拥有无拘无束自由的幼稚梦想，这种梦想鼓舞了我们许多年轻人，现如今依然吸引着美国和其他国家的一些大学生。尽管我们承认，贫穷是犯罪的一个诱因，可我们依然意识到，无论什么阶层、国家和时代，罪恶的根源都是人类桀骜不驯的天性，这个天性是由上百万年的狩猎、争斗、杀戮和贪婪形成的。

历史发现，在古代文明和现代文明、穷人和富人、激进派和保守者、贫穷国家和富裕国家中，人类的天性基本相同，从未改变。

人口
POPULATION

孩子既是一个迫在眉睫的问题，也带来了潜在的快乐，因为他既在数量上构成威胁，也对人口质量提出了更高要求。他哭着喊着要填饱肚子，而即便把整个地球都算上，食物供给很少能赶上出生率。在某些极为特殊的时期，死亡率超过了出生率，比如14世纪黑死病肆虐期间，或是17世纪的"三十年战争"时期。但在通常情况下，生产食物比生孩子要难，因此，几乎每个时代的人口增长都超过了食物的产量。马尔萨斯曾说饥荒、瘟疫和战争是促使人口下降的因素，因为这三个残酷的原因，出生率和死亡率恢复了平衡。

在过去几百年里，欧洲和北美大量开拓新土地，改进农业耕种方式和机械，所以即便人口急剧增长，也没有出现饥荒。近来，得益于普及的改良种子和人造化肥，印度可以养活他们激增的人口。然而，可耕土地的产出有限，人类的生殖能力不受控制，我们能把这二者之间爆发巨大矛盾的时间推迟多久呢？一些国家和阶层几乎填不饱肚子，而其他国家和阶层却过着奢华生活，吃得肥肥胖胖，所以饥饿已经威胁到了世界的稳定。美国正在向印度出口避孕药具，而且在美国，可以向所有有合法需要的人提供避孕药具，我认为这是进步的标志。

然而，这个孩子还对人口质量构成了威胁，他的出生可能是个意外，而他的父母或许并不适合生育或养育后代。一些研究表明，卓越的心智能力可以由父母传输给孩子。即便这并非百分百确定，而且出众的智力可能来自不可预料的基因遗传、环境机遇和刺激，我们还是不得不面对一个现实：不计后果的生育可能让教育工作者的大部分努力付诸东流。所以即使人类在识字方面取得了进步，但在智力方面却没有明显的进步，然而民主必须依靠公众智慧。

人们通常都把西罗马帝国的衰落归咎于蛮族入侵，但这可能部分归因于蛮族内部人口增多吗？有时我觉得我们在美国也遭遇到了类似的危险：比较老的美国家族依旧是工业和政治领域内的主导者，技术也掌握在他们手里，可很多这样的家族不计后果地生育，生活放纵，无视律法，将美国的文化、艺术、音乐和舞蹈变得原始粗俗，而他们的很多代言人甚至公开希望美国政府倒台。文明就像一栋坐落在野蛮活火山上的脆弱小屋，岌岌可危，随时都有塌毁的危险。

家庭
THE FAMILY

如前所述，在19世纪之前，家庭一直是社会的经济单位，也是社会的生物和道德单位。父亲教儿子如何在农场里劳作，并且担当管理角色，母亲则教女儿如何打理家务，也是管理角色；这种孩子依赖父母、受到父母监护的形式构成了父母权威的经济基础。工业革命通过吸引孩子们到外面独立工作，剥夺了父母权威的经济基础。数千年来，作为纪律性品质和社会秩序的堡垒及源泉的家庭，现在失去了它的经济功能和道德力量。过分崇拜自由的个人脱离了家庭，获得自由，待到他们意识到自由是秩序之子，也可能是混乱之母时，已经为时已晚。孩子看不起他们的父母，觉得他们属于愚昧无知的过去，并且骄傲地宣布两代人之间存在着不可逾越的鸿沟。

学校
THE SCHOOL

学校尝试从支离破碎的家庭那里接过训导年轻人的责任，并且把过去的文明遗产和经验传授给他们。可知识的增长迫使教师专业化；因此教师只负责知识传播这一个方面，将知识传递给困惑和不受控制的年轻人；在美国和法国，教育几乎变成了智力的工具；性格培养的责任则被教师丢给了家庭和教会。但随着家庭和教会的影响力日益式微，学生们的思维越来越敏锐，性格却越发不羁。拥有了知识，却成为个人主义者；他们首先想到的永远是自己，只有在成熟之后，才会为别人着想。

历史上出现过无数次学生运动，就像在 13 世纪的博洛尼亚一样，在一些学生运动中，学生们负责选拔教授、给他们发放薪水和决定是否解雇。直到后来博洛尼亚成了教皇国，教会负责任命教师，才终结了这一现象。一般来说，学生暴动针对的并非教师或课程，而是市民。现而今，学生运动反抗的则是课程和这个世界之间的关系，或是缺乏关系。

愤怒的学生憎恨那些没有为他在科技社会中成功生存做好准备的课程，或是忽视了少数族裔在历史上作用的课程。他们厌恶教师只顾着私人研究，以及军方为了用更有效的手段来实施或避免大规模伤亡而控制了物理、生物和化学研究。学生起初很欣赏科学的奇迹，后来则怀疑科学只是让生活和工业机械化，并且卖身给控制着个人和国家的军工集团。

数量惊人的孩子都放弃了奋斗，不仅不再接受教育，而且脱离了文明，否认文明的魅力和福利。他们拒绝接受历史，认为历史与这个瞬息万变的世界不相关；拒绝接受长辈们的智慧，认为它们只适用于业已消失的过去。最后，他们借用毒品逃避生活的责任；而我们这些指责他们的人也很困惑，也时刻在摸索，一想到那些脱缰的孩子将来的所作所为、会变成什么样子，我都不知道该怎么办。

宗教
RELIGION

曾经，教化年轻人是宗教和宗教仪式的责任，在过去的两千五百年中，各个教会都在灌输"十诫"的道德观，并通过赋予"十诫"神圣的起源和永恒的奖惩制度，加强了"十诫"的影响力。可教会和教堂在很大程度上已经失去了对社会秩序的控制力，因为在我们的大城市里，半数成年人都放弃了超自然的信仰。

我们进入了一个希腊式和罗马帝国式的时代，宗教从鼓励爱国精神和道德的信条及仪式，变成了神话故事，为诗人提供了美丽的传说，为宙斯提供了无数情人。恺撒在扮演他所要求的罗马教皇时笑了，奥维德优美地描写了诸神，对爱的描写却十分猥琐。社会混乱严重威胁着古代的秩序，于是在313年，罗马皇帝康斯坦丁将基督教奉为国教，部分原因是基督教给了人们恢复道德的希望。从那时起，直到达尔文时代，国家都依靠宗教帮助年轻人树立道德观，为社会建立秩序，给受压迫者提供希望。如今，能够再次驱策我们，让文明重新焕发光辉的宗教和信仰在哪里？

道德
MORALITY

过去一百年中的经济和宗教变化，导致了我们这个时代的道德解体。新自由的传播，将性行为从旧的束缚中释放出来。心理学似乎对每种抑制都加以谴责，并为每一种欲望辩护。文学，在一些最技艺精湛的文学家手里，已经成了色情文学的情人。[1]财富的传播打开了一百扇曾经被称为罪恶的大门。在商业、广告、政治以及律法的实践和管理方面，成年人的不诚实削弱了老年人说教的影响力。发明为罪犯提供了新的犯罪工具；汽车让罪犯更容易逃脱；法院判决使得对罪犯的定罪更加困难；监狱协会使小偷成为杀人犯。

历史上还有其他类似的道德败坏时期吗？有。在这样的时期里，通常商业繁荣、城市集中、宗教衰落。这或许会让你想起智辩派时代的古希腊、古罗马帝国、文艺复兴时期的意大利、伊丽莎白女王时代的英格兰和复辟的斯图亚特王朝。我们让苏格拉底做柏拉图的代言人，听听他在约公元前390年

与阿德曼托斯 (Adeimantus) 的对话吧:

> 苏格拉底: 在这样一个国家里, 混乱之风日盛, 并
> 且影响到了家庭, 最后甚至传播到了动物中间, 并感
> 染了他们……父亲在孩子面前失去了权威, 儿子想要
> 与父亲平起平坐, 不再害怕父母, 不以此为耻; 师父害
> 怕并奉承徒弟, 徒弟轻视师父和家庭教师; 年轻人和老
> 年人变得一样, 他们的地位是平等的, 年轻人准备在
> 言语和行为上与老年人一较高下; 而老年人则在模仿
> 年轻人。我肯定忘了提到两性关系的自由和平等……
> 事实上, 凭借自由人类的权力和尊严, 马和驴也可以
> 一起行进……所有这一切都已经准备好随着自由爆发
> 了……
>
> 阿德曼托斯: 可接下来会怎么样?
>
> 苏格拉底: 不管是什么, 只要过剩, 就会引起相反
> 的结果……不管是对于个人还是对于国家来说, 自由
> 泛滥似乎都只会造成奴役……最暴虐的暴政源于最极
> 端的自由。[2]

继柏拉图的建议后, 我们或许期望发现, 历史上的不信
教和清教徒时期仿效了这种互相对抗的模式。在古希腊和古

罗马的那段道德败坏时期之后，不断扩张的基督教社区推行了严格的道德规范，这种情况持续到了13世纪。意大利发展了利润丰厚的商业，并从所有西方基督教国家收敛宗教收入，这为该国的文艺复兴运动提供了资金；有了这些财富、与国外的接触以及对外的影响力，人文主义者的信仰开始动摇，王孙贵族、普通人和主教的道德开始沦丧。

从某种意义上来说，宗教改革是较为贫穷的北欧清教徒发起的，针对富足的重新异化的意大利的反抗运动，精力充沛的路德并非代表人物，严肃的加尔文和痴迷的诺克斯(Knox)才是。可在英国伊丽莎白女王一世和詹姆斯二世统治期间，商业的扩张带来了奢侈品的增长和道德的沦丧，这些结合起来释放并促进了浪漫主义诗歌、高雅戏剧和优秀散文的蓬勃发展。

异教徒的过度发展，导致了清教徒的崛起，他们推举克伦维尔为领袖，处死了查理一世。清教徒政权把英格兰变成了一个黑暗、虚伪和审查制度严格的国家，后来查理二世登基，他的治下道德败坏、文学审查制度松懈，整个英格兰都为之开心。斯图亚特王朝后继无人，荷兰总督(威廉三世)应邀成为国王，昭示着复辟时代的结束。1702年，安妮女王开创了拉丁文学的黄金时代，这个时代使得道德回归，古典时代的克制成为风尚。这种半清教徒式的妥协被华兹华斯青年的革命热情和浪漫情怀、雪莱的诗歌和拜伦的死亡中断了，但在维多利亚女王时代又得以恢复。

当维多利亚女王还在为她的王子和贫民忧心忡忡时，工业革命改变了英国的面貌，机器冒出的黑烟让英国的天空变得阴沉昏暗；英国的商业发展到了大洋彼岸，英国的舰队为贵族统治创造了一个安全的世界；女性脱离家庭到商店里工作，性被从父母那里解放出来；科学繁荣发展，宗教日渐式微，财富释放了欲望，不信教的新时代开始了，我们现今就处在这样一个时代。

按照历史上这种异教和清教主义交替出现的规律，我们应该期待目前的这种道德沦丧，在旧有或新形式的信仰、权力和审查制度下，有朝一日会结束，一些道德约束能够回归。每个时代都会反抗之前的时代。如果第三次世界大战爆发，城市被摧毁，幸存者回归农业，科技时代或许就会终结，宗教或许将带着抚慰人心的神话和道德准则回归，父母的权威或许也能恢复。

工作
WORK

　　除非退出生活这场游戏，否则人们迟早都要在成长之后，告别不负责任的自由，在工作中努力完成任务，遵守相关纪律。很快人们就能感觉到资本主义的复杂：它在企业、原料、燃料、科学、金钱和人力方面有着各种各样、影响深远的根源；它必须迎接不断出现的新的竞争和发明，有义务紧紧抓住国内市场和对外贸易的触角；它与公共需求、劳工组织、州和联邦法律之间的关系始终处在不断变化之中。当人们面对数个世纪以来由贪婪和天赋、实验和错误所产生的微妙产物时，可能会有片刻的谦逊，并且很想知道，他们这反叛的一代是否能够把由精神和物质、资本和技能所组成的巨大机械拆散，然后按照他们的梦想重组。

　　和历史上其他经济体制相比，美国的资本主义如何呢？当然了，从生产力角度来说，无论是从前还是现在，美国的资本主义是无可匹敌的。以前从未有哪个经济体制能够连续提供如此丰富和多样的商品和服务、工具和节省劳力的设备、书籍和期刊、便利和娱乐，几乎家家周围都有剧院、音乐厅和市场。女性从没有如此自由，如此优雅，如此博学。工人阶级从未有过这么短的工作时间和这么长的闲暇时间，从未对政府如此有影响力，也从未如此有权决定自己的报酬。历史上从没有这么大比例的人过上如此高水平的生活。

工人会因为单调的工作而变迟钝吗？相比从前一天工作十二个小时或资本主义初期，他们要好得多；相比用鞋楦做鞋的鞋匠，拿着针做衣服的裁缝，放羊的牧人，在田里犁地、耕种和拾穗的农夫，工人的工作不会比他们的更单调。

美国人不如他们的祖先幸福？我不这么认为。看看他们吧，即便是穷人，不是去运动，就是坐在看台上看别人运动，要么就是开着卡迪拉克车和福特车去度假，把整个美国当成他们的游乐场和剧院。相比前工业时代，他们变得更物质化了。在中世纪，几乎没有人希望能够摆脱其出身的阶级（甚至很少有人盼着离开当地）。因此，富贵的渴望对他们的刺激作用不如对如今大多数美国人那么大。但我们不能让与约翰·拉斯金（John Ruskin）和威廉·莫里斯这样的人充斥中世纪的欧洲；或许哥特风格的建筑师和雕刻家去工作只是为了养家糊口，而拉斐尔的圣母像养育耶稣一样养活了他。就连对于天堂的希望，也可能是一笔长期的投资，一种为保证长期回报而进行的忏悔。

除了获利动机能够激励人们工作、发明和生产，历史上是否还有其他有效的替代刺激因素？有人曾做过实验，让人们为了非物质奖赏去完成某项任务，比如奖品、奖章、绶带和头衔等，这些实验在某些遴选的个人身上成功了一段时间，但在社区的劳动力中却从未长久。在那段充满热情的初建时期，俄国曾尝试用共产主义的奉献精神来替代获利动机，可他们很快就发现，正如亚里士多德所警告的那样，"当人们拥有了一切，就没什么值得他们在乎的了"。所以俄国恢复了旧有方式，对不同价值或技能要求的工作给予不同的薪水。如今，在俄国的工业企业中，简单工作和复杂工作的酬劳之间存在着巨大差距，如同美国一般。

可令人兴奋的资本主义正暴露出危险的缺陷。空气、水源甚至是食物都受到了污染。这些毒素杀死了江河湖海里的鱼和天空中的飞鸟。土地上的矿产资源正在被不计后果地挖掘。最重要的是，从本质上来说，资本主义刺激了财富的反复集中，导致了购买力的收缩和经济萧条。当然了，财富总是向高处流动，并在好战的征服者、世袭君主、教会当权派和封建领主那里到达顶峰。在这里，不能通过制定法律使人平等。

从历史上来看，财富的自然集中经常会导致一种危险甚至是致命的结果。这种状况有时会导致毁灭性的革命运动，在古罗马，有格拉古兄弟、恺撒；在法国，有米拉博（Mirabeau）、拿破仑。有时政治家能想出不那么血腥的处理办法，比如梭伦在公元前594年、罗斯福在1933年创立了补救性立法；而通过向急剧扩张的财富征税，通过提供就业机由福利国家对部分集中的财富再分配，减轻了"毒瘤"的危害，这样的办法虽然令人难受，却不会流血。然而，不管是暴力的还是和平的，在每一次再分配之后，财富会再次开始聚集：聪明人得到了最好的发明，最好的贷款，最好的工作，最好的土地和最好的房子；随着时间的推移，财产的不平等就又和以前一样了。因此，从这个方面来讲，经济史就是社会有机体的缓慢心跳，而财富集中和革命爆发就如同强烈的心脏舒张和收缩。

所以，在美国、法国和意大利，对革命的呼吁再次出现。这不仅是对俄国的附和，也是生活在骄傲的富人身边的苦难的穷人发出的抗议（比如在纽约的第一大道和第五大道），还是渴望把弱者组织起来去推翻强者的大学生的哀叹。

当然，反叛是年轻人与生俱来的权利，这是自我意识到自己的存在，并要求在世界上占有一席之地的标志。我们那一代人大声喊叫着反叛的口号，比如工人阶级有权利组织起来，女性应该有投票权，工人有权拿到更高的薪水，学校应该对所有人开放。一想到这些目标中有很多都实现了，就感觉备受鼓舞。

可现在年轻人的反叛更加深入了。他们不会因为没有成为百万富翁而抱怨；很多人声称他们鄙视物质财富（看到他们，我想到了14世纪英格兰的罗拉德派的传教士，16世纪德国的再洗礼派教徒，中世纪晚期的行游学者，他们会创作和吟唱有关自由、反叛以及自由之爱的歌曲）。他们挑战的是我们的残酷竞争，是我们对拥有权力和财富的贪婪，是我们争夺原材料和土地的野蛮战争，是政府拒绝遵守它向公民宣扬的道德准则。

就像那些没有穿长袍的神父帮助推动宗教改革运动一样，现在的反叛者也会在未来数十年内开辟出一条路，建设性重建道德典范。我不考虑那些漫无目的、行为散漫的少数人，他们没有更高的目标，只关注长辈们所做的事，然后做出与之相悖的事情，只是为了在全世界面前炫耀他们自己。这些人难以拯救。然而，当我们的年轻学生说起革命，我不知道他们是否将自己的轻型武器与现代国家的重型武器进行了比较？当我们问他们，如果他们取得了胜利，要如何重新组织工业和政府，以免因混乱蔓延而使整个国家陷入贫困时，他们没有答案，有的只是信仰、希望和以独裁结束的爱。

这样的民主结局在历史上并不新鲜。大约公元前4世纪，柏拉图在《理想国》中把政府的变迁简化为一个规律性的、重复的循环：从混乱到独裁到君主制，从君主制到贵族统治，从贵族统治到民主，从民主到混乱，从混乱到独裁……

若要阻止民主式微，避免陷入革命所带来的混乱和独裁统治，除了在计划生育的前提下实行福利国家，我不知道还会有其他何种方式。尽管穷人中有很多懒汉，救济管理中存在令人泄气的弊端，可我们必须承认，绝大多数穷人都是种族歧视和不公平社会环境的受害者。我们必须缴税，从而可以为所有人提供充足的教育，最低限度的食物、衣服、避孕药具和避难所，这样做的成本要低得多。毕竟如果少数人采取暴力手段，进而实行独裁统治，社会和政治就会混乱，那时候被毁的不仅是民主，或许还有文明本身。

战争
WAR

国内问题的解决，受到保护我们不受外来干涉的螺旋上升的成本的阻碍，这种外来干涉会影响到我们的内部自由，妨碍我们获得世界上的燃料、原材料和市场。在一个从不曾接受释迦牟尼的佛教和基督的基督教的世界里，事实证明，我们的军队是必须存在的罪恶。政府很满足，因为没什么能阻碍他们发动战争，"十诫"不行；年轻人不愿意丢掉性命，也不行；年长的人不愿意交税，更不行；他们说，他们不能只考虑现在的感受，还要考虑未来的前景和结果。谁能说得清子孙希望我们现在做些什么？我们的民意调查也应该包括他们的意见。

所以五角大楼声称，要保护我们免受攻击或迫害，免受当前和潜在的危险，就必须用我们的半数工业、科学、大学和税收，去开发和制造最新和最致命的武器，必须教会千万年轻人抛开道德和宗教的顾虑，去无情地杀戮。

人们渴望自由、物质和权力，而政府是由我们组成的，因此我们的欲望成倍增长，并日益放纵，而且我们还拥有了武器。战争，是国家进化论或自然选择，我们的眼泪无法将战争从历史上抹去，除非世界各国人民和政府自愿或被迫同意把主权交给某个超级大国；接下来，将会出现革命和内战。我一度希望从烈性黄色炸药到氢弹的进步能阻止人们发动战争，可历史反问我："从弓箭到大炮，又到致命的火箭，战争是不存在了，还是更具毁灭性了？"

文明的传承
THE PASSING OF CIVILIZATION

我们来到了最后一章。这一章的内容与死亡有关，不仅我们个人会死，我们的文明迟早也将灭亡，到了最后，就连人类也会消亡。每个生命、每个社会、每个物种都是一个实验，但必须让位于死亡。而哲学家或历史学家也在调整他们自身，以适应这样的千变万化的世界，但他们并没有绝望，因为他们的孩子会继承他们的衣钵，新生的文明将取代旧有文明。文明就是一代人接着一代人，通过死亡赋予古老的遗产新的青春。在人生这趟列车上，上了年纪的人要把座位让给年轻人。

建议
SUGGESTIONS

在将遗产传承下去之前，我们可以改善它们吗？你有权让我讲一讲，我对于改善美国人的生活有什么建议。父母的身份是一种特权，而不是一种权利。如果没有通过养育孩子的身体和心理健康测试，就没人有权把孩子带到这个世界。对于通过这些测试的父母，政府应该为他们合法婚生的第一个和第二个孩子提供十八年的年金或免税，但优惠仅限于前两个孩子。应该以最低价格向所有已婚人士提供避孕信息和用具。加强家庭的团结和父母的权威，使父母对其未成年的受抚养子女负有法律责任，并使这些子女的收入受到父母的控制。

教育应该让每个高校毕业生有能力在强调

技术的经济社会里找到工作，但文学、哲学、历史和艺术这些人文学科应该同样强调对价值和目的的理解以及对闲暇时间的合理利用，解剖学、生理学和卫生学的课程应该每个学年都被纳入教学计划。

所有针对学校改革的合理建议都应该提交给委员会，每个班选出的班长都是委员会成员，拥有投票权。管理者应该开除任何用暴力手段干扰学校运行的学生。学生和公众应该承认和保护我们的大学，因为它们是美国最好的机构，也是最不应该被用暴力形式抗议的机构，因为大学是我们对抗独裁统治的最强有力的防御。

为了平衡私人广播系统及新闻媒体的商业性和喜好，我建议成立美国广播公司，资金由政府提供，管理则由大学负责。

我希望所有的宗教机构宣扬道德，而不是鼓吹神学，欢迎每一位将黄金规则和"十诫"作为奋斗目标的人加入他们。

从幼儿园到博士阶段，学校每周都应该安排道德教育，也就是说个人应该认真与集体合作。在高中的最后两年和大学里的每一年，学校应该在性教育、性滥交、毒品、烟草和酒精问题上提供具体建议。每一个高中女生都应该接受有关婚外恋的生理、道德和社会后果的教育；所有男孩儿应该被教导有关对待女孩儿的道德责任，他们希望其他男孩子怎样对待他们的姐妹，他们就该怎样对待别的女孩子。

消除贫困和普及教育虽然不能终结犯罪，却可以降低犯罪率。暂时性精神失常再也不能成为脱罪的借口。监狱应该改造为严密封闭的国家农场，不同等级的罪犯关押在不同农场，让犯人过上有秩序的户外生活，教会他们有用的技能，让犯人重新成为负责任的公民。

应该鼓励工人阶级进一步组织起来，与企业家、商人、银行家和将军组织相抗衡。美国国家劳工关系委员会应该采取行动，通过加入工会或提供工作来减少或（如有可能）消除种族或宗教歧视。

联邦和州政府应该雇用失业人员从事社会福利事业和环境治理方面的工作；消费者研究部门应该得到总统内阁最充分的资金资助。

我们的工业领袖应该欢迎并帮助实施福利国家政策，将之视为缓解人类贫富差距的人道主义解决方案，这也是应对社会动乱和独裁压迫的一个拯救性替代选择。

我建议年轻人对革命采取怀疑态度，应该把革命当成怪物，认识到革命不仅会毁灭他们的父辈，还会让他们的子孙陷入绝境。而改革，通过坚持不懈地宣传和逐步实施，在20世纪的经济和政治生活中取得了许多有益的成果，改革的进程虽然没有那么吸引人，但代价也较低。三十岁以下的人绝对不要相信三十岁以下的人提出的有关经济、政治或道德观念的建议。

大学应该推进行政管理教育，为大学毕业生从事政治管理工作作准备，应该建立美国联邦行政学院，在立法、行政和外交方面，为接受行政管理教育的毕业生提供进一步的指导。或许我们可以说服选民选择这样的毕业生担任公职。

在所有大国间推动签署非侵略性和非破坏性的条约。

在公民和官员受教育程度允许的范围内，尽量扩大海牙国际仲裁法庭的司法权。

通过这些发展，美国或许可以摆脱那些一见战争就兴奋、一见和平就萎靡之人的控制。

我建议（虽然我不能承诺真会去实践），当到了无可转圜的地步，应该平静地接受死亡。因此，倘若有一天我成了植物人，我赞同缩短痛苦，接受死亡。

结语
CONCLUSION

回想前文，我担心自己过于强调了我们和我们的子孙面临的问题。比如，强调数量而非质量，婚姻和家庭的破裂、学校中的种族问题、道德败坏、绝望的贫民区所引发的棘手问题，还有街头犯罪、政治腐败、激进分子和反动派质疑民主、战争暴行对我们道德的侵蚀，等等。这些严酷的现实扭曲了广播或报纸新闻，让我们的子女奋起反抗，使我们怀疑自己是否有力量和勇气去面对这些积弊。

我们当然可以面对，只要我们坚定不移地互相理解。我们这些年长的人必须真诚而耐心地对待我们的孩子，即使在他们咆哮时也要满怀深情地倾听，要认识到他们的不妥协的确推动立法机构和行政部门采取了一些补救措施。这些年轻人要说一些需要说并且只有他们会说的话。或许，我们这个国家之所以能维持活力，全靠年轻人和老年人持续紧张的关系，全靠创新与传统的碰撞，全靠热情尝试和冷静经验的融合。

注释

NOTES

第六章　论灵魂

1. 摘自《纽约时报》，1934 年 6 月 23 日。

2. 1913 年，我第一次看了乔治·桑塔亚那创作的五卷《理性的生活》(*The Life of Reason*)，我完全不信他竟然否认思想或意识的效力（第九章"常识中的理性"；第三章"科学中的理性"）。"思想一点作用也没有……思想充其量只能依稀预测行为的后果……可这一预感……对于未知的机械过程起不到任何帮助，也提供不了任何指导，而这个过程必须实现它自己的预言，如果那个预言能实现的话。"（摘自"常识中的理性"，第214页。）五十四年后，重读这些章节，我发现它们依旧没有说服力。在进化过程中，思想和意识是在艰难中逐步形成的，可如果说这二者对行动和生活没有一点儿影响力，并且与我们最直接和最频繁的经验相反，从理论上似乎完全不可能。不过，很少有一种令人难以置信的哲学有这么优雅的风格，隐喻闪现在抽象的概念中，文字被塑造成令人着迷的音乐。读时要小心！（桑塔亚那晚年后悔写了这五卷书，却依旧自称为唯物主义者。）

3. 摘自《宗教中的理性》，第 14 章。

第八章　论宗教

1. 摘自《纽约时报》，1967 年 4 月 30 日。

第九章　论基督再临

1. 摘自《查拉图斯特拉如是说》(*Thus Spake Zarathustra*)，纽约，1906年，第4页。

2. 摘自《瞧，这个人》(*Ecce Homo*)，伦敦，1911年，第141页。

3. 山上宝训是指《圣经·马太福音》第五章至第七章里，耶稣基督在山上所说的话。

第十一章　论道德

1. 哈罗德·马奇 (Harold March)，《纪德和天堂猎犬》(*Gide and the Hound of Heaven*)，费城，1952年，87页之后的几页。

第十七章　论政治

1. 波力比阿斯 (Polybius)，《历史》(*The Histories*)，第三卷第六部分第5页。

第二十二章　论历史的洞见

1. 为举事例，我想引用约翰·厄普代克 (John Updike) 的小说《夫妇们》(*Couples*)。

2. 柏拉图，《理想国》，第562页。

威尔·杜兰特

年表

Will Durant's

Chronology

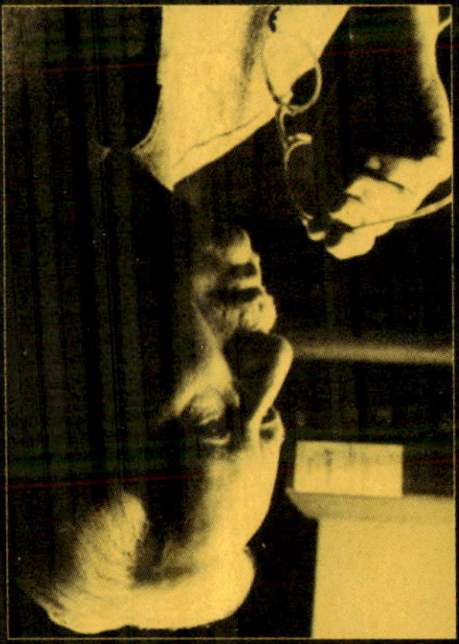

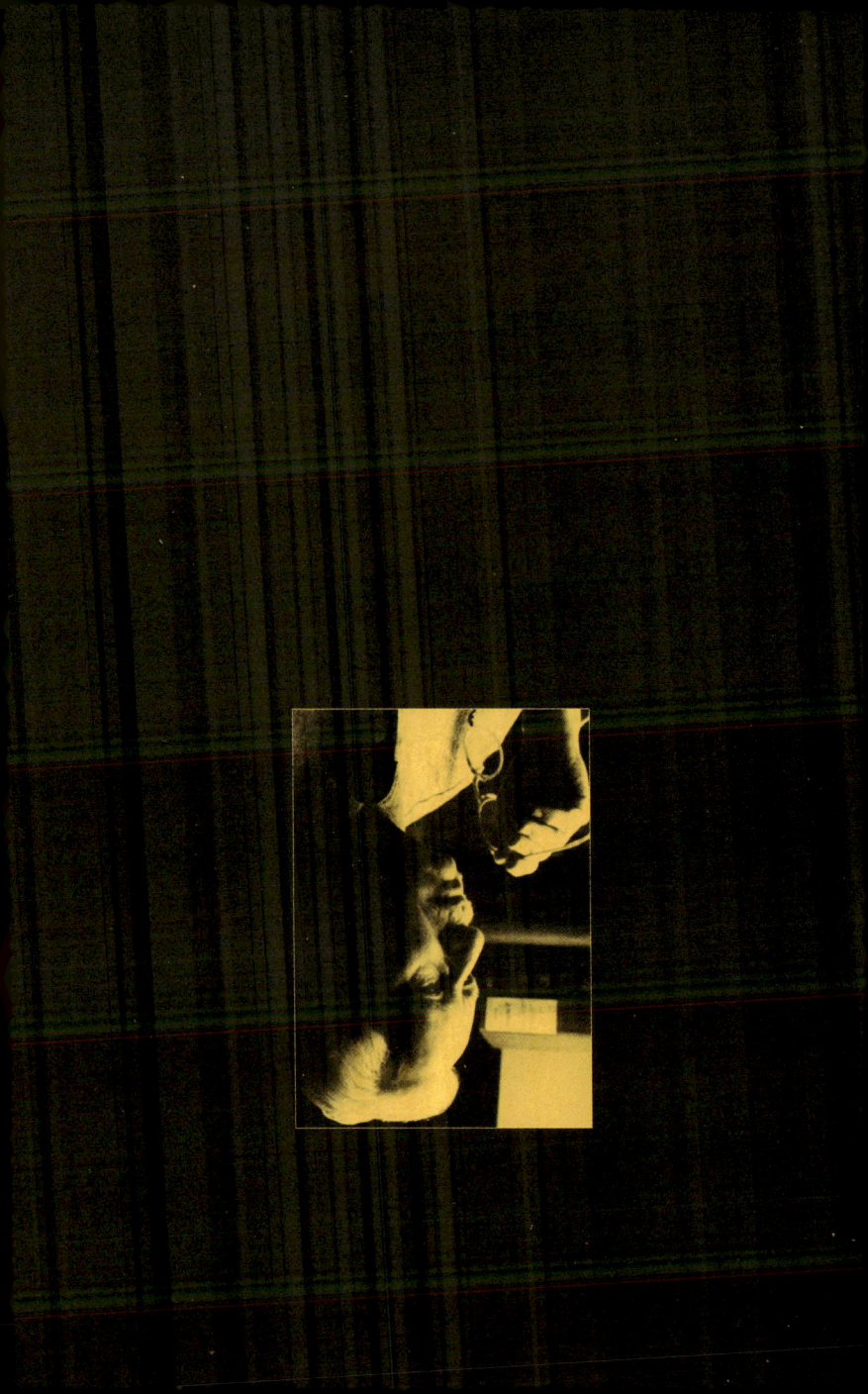

威 尔 · 杜 兰 特

1885—1981

美国知名学者、普利策奖获得者和自由勋章获得者，著有《哲学的故事》《文明的故事》和《历史的教训》等作品，广受赞誉，其中《文明的故事》被誉为"二十世纪的《史记》，人类文明的《离骚》"。

1885年
11月5日，威尔·杜兰特出生在马萨诸塞州北亚当斯一个天主教家庭。身为虔诚信徒的母亲为其取名威廉·詹姆斯·杜兰特（这是耶稣一位使徒的名字）。

1897年
十二岁的杜兰特被母亲送去教会学校，跟随修女学习，母亲希望"这个整天调皮捣蛋、满口胡言乱语的孩子能变成一个优秀的神父"。

1900年
杜兰特进入泽西城的圣彼得预备学校，受耶稣会教士教导，后进入圣彼得学院学习。麦克劳克林（McLaughlin）神父曾敦促他于1907年毕业后加入耶稣会。

1903年
杜兰特在泽西城公共图书馆接触到了达尔文、赫胥黎、斯宾塞和海克尔（达尔文进化论的捍卫者和传播者）等人的作品，了解到生物学的本质是"牙齿和爪子都是红色的"，这让年轻的杜兰特的信仰有所动摇。杜兰特非常喜欢阅读，在十二岁到十九岁期间，阅读了将近两千本书，这使杜兰特清楚地认识到，基督教"不过是成百种宗教信仰中的一种，它们都宣布说自己能实现人类的拯救并普及真理"。而这是与他父母对他成为神父的期望相悖的。

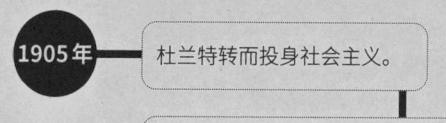

1905 年 杜兰特转而投身社会主义。

1907 年 从学校毕业后，杜兰特在《纽约晚报》(*The New York Evening Journal*) 谋求了一份初级记者的工作，周薪高达十美元。但报道强奸案的工作，让杜兰特感觉自己是在追求性犯罪，这有违他的信仰，故而同年秋天他转而到新泽西州的西顿霍尔大学教授拉丁语、法语、英语和几何学等课程。

1909 年 杜兰特进入西顿霍尔的神学院担任图书管理员，"我之所以在1909年进入这所神学院，一方面是为了让他（詹姆斯·穆尼神父）满意，另一方面是为了避免家庭危机，再者是希望能让美国的天主教教会和社会主义运动合作"。在这里，他接触到了影响他一生的哲学家斯宾诺沙的思想。

1911 年 "我发现不可能再继续假装我的正统信仰了，所以就离开了神学院，此事伤了我父母的心，我自己也陷入了多年的精神混乱和孤寂之中。"杜兰特离开神学院，带着仅有的财产——四本书和四十美元移居纽约。当年，他成了纽约费雷尔现代学校里唯一的老师和首席学生，这是一项自由意志主义教育的实验。学校的赞助人邀请他到欧洲"拓宽他的疆界"。从欧洲回来后，他爱上了他的学生"帕克"，也就是出现在他著作中的"阿里尔"。

1912 年

杜兰特因为发表了对教会不敬的《宗教的起源》（The Origin of Religion），被逐出了教会，为此他获得了一个"被逐出教门者"的称号。

1913 年

为了和阿里尔结婚，杜兰特辞去了教师的工作，开始在哥伦比亚大学以五美元和十美元的课时费过活。后来他的大女儿埃塞尔出生了，面对日常生活中孩子奇迹般的成长，他的思想发生了变化，不再是坚定的无神论者。女儿的出生也缓和了他与父母紧张的关系。在接下来的几年他读到了布克（Buckle）的《文明的历史》（The History of Civilization），并将之作为哲学性理解人类历史的指南。

1917 年

杜兰特在哥伦比亚大学先是学习生物，后跟随美国著名实用主义哲学家杜威攻读哲学博士学位，和胡适是同门。这一年，他为取得博士学位而完成他的第一本书《哲学与社会问题》。在获得学位后，他开始在哥伦比亚大学担任讲师。但第一次世界大战的爆发，打乱了他的工作，他被解雇了。也正是在这段时间里，他开始在如今被称为劳动殿的地方做一些关于哲学、文学、科学、音乐和艺术史的讲座，这段经历成为他日后创作《文明的故事》的素材。

1921年

杜兰特创办了劳动殿学校，致力于成人教育。著名的蓝皮书出版商 E.哈尔德曼 – 朱利叶斯（E. Haldeman-Julius）碰巧路过劳动殿，从布告栏上注意到杜兰特谈论柏拉图的讲座，便进去听了。朱利叶斯很喜欢杜兰特的讲座，请他将有关柏拉图的讲座内容变成蓝皮书，但被杜兰特以没有时间为由拒绝了，不过朱利叶斯没有放弃，甚至寄来了预付款，杜兰特答应了，这就是《哲学的故事》的起源。之后，朱利叶斯不断向他约稿，一共出版了十一本。

1926年

迪克·西蒙（Dick Simon）和马克斯·舒斯特（Max Schuster）的西蒙和舒斯特出版公司接手了《哲学的故事》，并将之做成了一本漂亮的售价高达五美元的书。在此后不到三十年的时间里售出了两百多万册，并被翻译成多种语言。《哲学的故事》着重描述了人类历史上数十位著名哲学家的境遇、情感与生平，这些故事本身奇巧而有趣，加上作者娓娓动听的叙述，使它变成了一部极富魅力的人文经典。

1927年

杜兰特唯一的小说《转变》问世。这在很大程度上是他对自己早期社会、宗教和政治幻灭的自传。

1929 年

《哲学的故事》的成功激起了杜拉特创作文明史的欲望，开始了长达五十年的《文明的故事》的书写历史。他终其一生致力于将深奥的哲学通俗化，之后他辞去了工作，开始专心创作，不过他有时也会为杂志写些东西，赚取稿费，这些文章许多被收进《哲学的宫殿》，后以《哲学的乐趣》（*The Pleasures of Philosophy*）为名再版。

1930 年

一个陌生人走进威尔·杜兰特的家，问杜兰特能否给他一个不自杀的好理由。这件事让杜兰特触动很大，他开始准备《论生命的意义》。

1932 年

杜兰特出版了《论生命的意义》一书，该书汇集了许多公共和私人人物对生命意义的思考，长期以来一直受到人们的追捧。

1933 年

"1932 年，我和阿里尔在去了西伯利亚和俄国在欧洲的部分。在那里，我们没有看到乌托邦，看到的只有混乱、管制、残暴和饥饿。我们回来时是那么失望，信仰也不再像以前那样忠诚了。我匆忙在杂志上写了一些文章，并把这些文章汇成了一本小书《俄国的悲剧》，为此，我失去了一些纽约的激进派和文人圈子里的朋友。"

1935 年

五十岁的杜兰特完成了《文明的故事》的第一卷《东方的遗产》（*Our Oriental Heritage*）。这套书之所以用"故事"这个词，是因为他想暗示他相信任何一个高中毕业生都能理解这个故事，但这个词误导了许多人，其实这是一部有斯宾诺沙风格的学术作品。杜兰特立志把深奥的哲学从象牙塔里解放出来，让历史、哲学走进普通人的生活中，于是他偕同妻子耗毕生之力撰写了这套通俗历史读物——《文明的故事》。起初，杜兰特打算将这套书分成五卷，每隔五年出版一次。而我们现在见到的是十一卷，十五本。

1939 年

《文明的故事》第二卷《希腊的生活》（*The Life of Greece*）出版，全书记载并探讨了从克里特岛以及特洛伊城最古老的遗迹到罗马征服希腊期间，希腊文明的起源、成长、成熟、衰微，详尽地叙述了希腊文明基本要素的诸多变迁，但不是从孤立的角度而是把它们当作一个伟大的文化有机体。

1944 年

《文明的故事》第三卷《凯撒与基督》（*Caesar and Christ*）出版，讲述了罗马从罗穆卢斯到君士坦丁时期的故事。

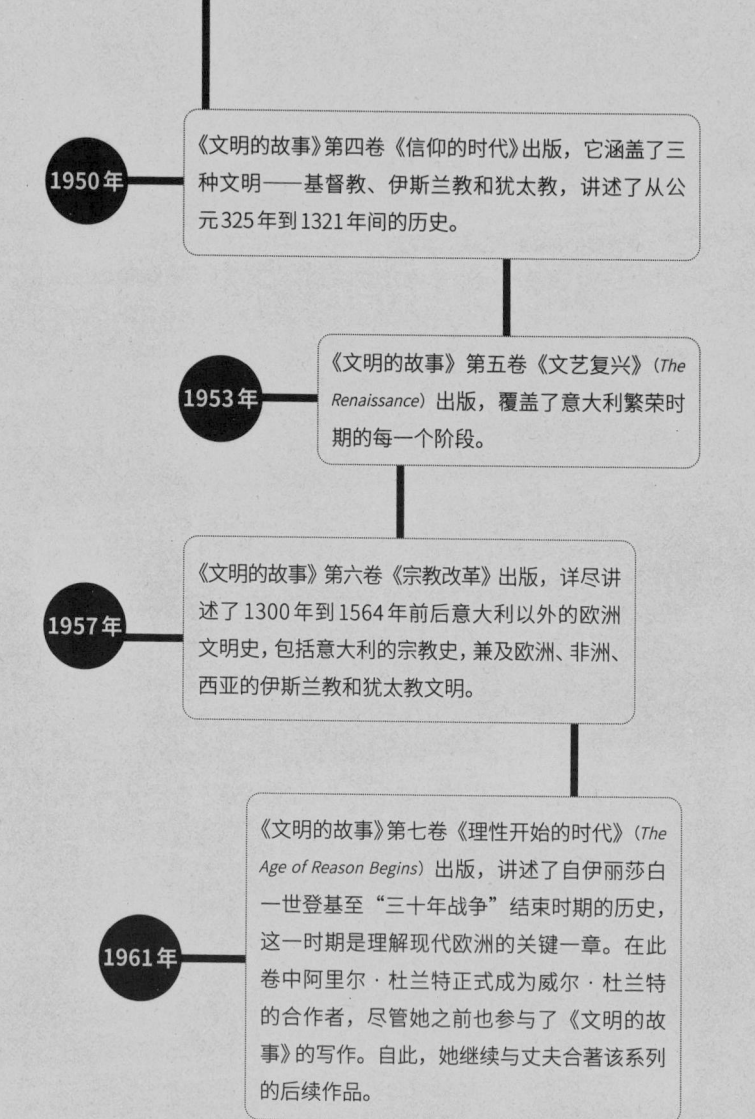

1950 年
《文明的故事》第四卷《信仰的时代》出版，它涵盖了三种文明——基督教、伊斯兰教和犹太教，讲述了从公元325年到1321年间的历史。

1953 年
《文明的故事》第五卷《文艺复兴》（*The Renaissance*）出版，覆盖了意大利繁荣时期的每一个阶段。

1957 年
《文明的故事》第六卷《宗教改革》出版，详尽讲述了1300年到1564年前后意大利以外的欧洲文明史，包括意大利的宗教史，兼及欧洲、非洲、西亚的伊斯兰教和犹太教文明。

1961 年
《文明的故事》第七卷《理性开始的时代》（*The Age of Reason Begins*）出版，讲述了自伊丽莎白一世登基至"三十年战争"结束时期的历史，这一时期是理解现代欧洲的关键一章。在此卷中阿里尔·杜兰特正式成为威尔·杜兰特的合作者，尽管她之前也参与了《文明的故事》的写作。自此，她继续与丈夫合著该系列的后续作品。

1967年

从1967年3月20日开始，杜兰特开始创作一本名为《落叶》的"关于万事万物零散思绪的小书"，是"好奇的读者来信，叫我谈谈有关人类生命和命运这些永恒问题的看法"。他用《落叶》一书作为回应，表达了他对这些宽泛主题的见解，包括性、战争、人生不同阶段、思想和灵魂，以及种族主义、当时正在进行的越战、福利国家、艺术与科学的问题及荣耀等重大社会问题。这本手稿虽然在创作过程中就备受媒体和读者关注，但是在杜兰特逝世后竟然遗失了，直到2013年才被其孙女无意中寻得。

1968年

《历史的教训》出版。杜兰特获得普利策奖。

1970年

《解读生活：当代文学概论》出版。这部作品是对现代文学阅读笔记的扩展，面向大众读者。

1977年

因其对各方面的伟大成就和贡献，杜兰特获得总统自由勋章（美国最高荣誉的文职勋章）。1977年，杜兰特夫妇出版了一本《夫妻合传》，在书中，他们讲述了他们是如何合作创作的。杜兰特曾预想《文明的故事》卷数更多，但之后几年里阿里尔的身体状况大大影响了他的创作进度。

1981年年末，杜兰特因为心脏问题住进了医院。病中的阿里尔可能觉得丈夫的病已经无可挽回，因此拒绝进食，并于1981年10月25日病逝，享年八十三岁。家人一直瞒着杜兰特阿里尔去世的消息，杜兰特的手术虽然成功了，但他还是通过电视和报纸报道知道了深爱的妻子的死讯，可能是因为悲痛过度，威尔·杜兰特于1981年11月7日逝世，享年九十六岁。

杜兰特夫妇去世后，他们的文稿四散，一部分流落到亲戚那里，一部分到了收藏者手里和档案馆中。在杜兰特去世二十年后，杜兰特基金会的执行人约翰·利特尔在2001年冬天碰巧发现了一些稿子，这些稿件才陆续面世，包括《历史上最伟大的思想》(*The Greatest Minds and Ideas of All Time*)、《历史中的英雄》等（《落叶》于2013年被发现）。《历史上最伟大的思想》，是一本博学而机智的"文化地图"，包括"十位最伟大的思想家""十位最伟大的诗人""一百本最好的教育类书籍""人类进步的十大飞跃"……在《历史中的英雄》中，杜兰特向我们描绘了一幅横跨几十个世纪的波澜壮阔的文化图景，而历史也就在这样的举重若轻中赫然呈现。尽管这些作品或多或少有《文明的故事》缩写本的痕迹，但绝对不是一些有关历史时间、人物、事件的堆积。杜兰特一如既往地以文明的流变作为考察历史的方式。

奥斯卡·王尔德说："任何人都能创造历史，却很少有人能记录历史。"杜兰特这两样都做到了。他所有的作品都是为了体现文明的发展对于人类进步的推动这一主旨。

1981年

For John Buchanan from Will & Ariel Durant
1971

Will Durant

Bibliography

Books

1. *The Ferrer Modern School.* New York: Francisco Ferrer Association, 1912.

2. *Socialism and Anarchism.* New York: Albert and Charles Boni, 1914.

3. *Philosophy and the Social Problem.* New York: The MacMillan Company, 1917.

4. *A Guide to Plato.* Girard, Kansas: The Haldeman-Julius Company, 1922.

5. *The Story of Aristotle's Philosophy.* Girard, Kansas: The Haldeman-Julius Company, 1922.

6. *A Guide to Francis Bacon.* Girard, Kansas: The Haldeman-Julius Company, 1923.

7. *A Guide to Schopenhauer.* Girard, Kansas: The Haldeman-Julius Company, 1924.

8. *A Guide to Spinoza.* Girard, Kansas: The Haldeman-Julius Company, 1924.

9. *The Philosophy of Immanuel Kant.* Girard, Kansas: The Haldeman-Juhus Company, 1924.

10. *The Story of Friedrich Nietzsche's Philosophy.* Girard, Kansas: The Haldeman-Julius Company, 1924.

11. *Voltaire and the French Enlightenment.* Girard, Kansas: The Haldeman-Julius Company, 1924.

12. *Anatole France: The Man and His Work.* Girard, Kansas: The Haldeman-Julius Company, 1925.

13. *Contemporary American Philosophers: Santayana, James and Dewey.* Girard, Kansas: The Haldeman-Julius Company, 1925.

14. *Contemporary European Philosophers: Bergson, Croce and Bertrand Russell.* Girard, Kansas: The Haldeman-Julius Company, 1925.

15. *The Philosophy of Herbert Spencer.* Girard, Kansas: The Haldeman-Julius Company, 1925.

16. *The Story of Philosophy: The Lives and Opinions of the Greater Philosophers.* New York: Simon and Schuster, 1926.

17. *Transition: A Sentimental Story of One Mind and One Era.* New York: Simon and Schuster, 1927.

18. *Debate: Is Man a Machine?* (with Clarence Darrow). New York: League for Public Discussion, 1927. Also published under the title *Are We Machines?* by the Haldeman-Julius Company, Girard, Kansas, n.d.

19. *The Works of Schopenhauer,* edited by Will Durant. New York: Simon and Schuster, 1928.

20. *The Mansions of Philosophy: A Survey of Human Life and Destiny.* New York: Simon and Schuster, 1929.

21. *The Case for India.* New York: Simon and Schuster, 1930.

22. *Adventures in Genius.* New York: Simon and Schuster, 1931.

23. *A Program for America.* New York: Simon and Schuster. 1931.

24. *On the Meaning of Life.* New York: Ray Long and Richard R. Smith, 1932. Republished in 2004 through Promethean Press.

25. *The Lesson of Russia: Impressions.* New York: G.P. Putnam's Sons, 1933. Same as *The Tragedy of Russia.*

26. *100 Best Books for an Education.* New York: Simon and Schuster, 1933. Reprinted from Adventures in Genius.

27. *"New Forward," to The Story of Philosophy.* New York: Simon and Schuster, 1933.

28. *The Tragedy of Russia: Impressions from a Brief Visit.* New York: Simon and Schuster, 1933.

29. *The Story of Civilization. Vol. 1: Our Oriental Heritage.* New York: Simon and Schuster, 1935.

30. *Reissue of The Story of Philosophy,* New York: Garden City Publishing co., inc., 1935.

31. *The Foundations of Civilization.* New York: Simon and Schuster, 1936. (Introduction to *The Story of Civilization. Vol. 1: Our Oriental Heritage reprinted.*)

32. *Great Men of Literature.* New York: Garden City Publishing co. inc., 1936. Taken from *Adventures in Genius.*

33. *The Story of Civilization. Vol. II: The Life of Greece.* New York: Simon and Schuster, 1939.

34. *The Story of Civilization. Vol. III: Caesar and Christ.* New York: Simon and Schuster, 1944.

35. *The Story of Civilization. Vol. IV: The Age of Faith.* New York: Simon and Schuster, 1950.

36. *The Pleasures of Philosophy.* New York: Simon and Schuster, 1953. New and revised edition of *The Mansions of Philosophy.*

37. *The Story of Civilization. Vol. V: The Renaissance.* New York: Simon and Schuster, 1953.

38. *Reissue of The Story of Philosophy.* New York: The Pocket Library, 1954.

39. *The Story of Civilization. Vol. VI: The Reformation.* New York: Simon and Schuster, 1957.

40. *The Story of Civilization. Vol. VII: The Age of Reason Begins.* New York: Simon and Schuster, 1961.

41. *Outlines of Philosophy: Plato to Russell.* London: Ernest Benn, 1962. British edition of *The Story of Philosophy.*

42. *The Story of Civilization. Vol. VIII: The Age of Louis XIV.* New York: Simon and Schuster, 1963.

43. *The Story of Civilization. Vol. IX: The Age of Voltaire.* New York: Simon and Schuster, 1965.

44. *Reissue of The Story of Philosophy.* New York: Washington Square Press, 1965.

45. *The Story of Civilization. Vol. X: Rousseau and Revolution.* New York: Simon and Schuster, 1967.

46. *The Lessons of History.* New York: Simon and Schuster ,1968.

47. *Interpretations of Life: A Survey of Contemporary Literature.* New York: Simon and Schuster, 1970.

48. *The Story of Civilization. Vol. XI: The Age of Napoleon.* New York: Simon and Schuster, 1975.

49. *Will and Ariel Durant: A Dual Autobiography.* New York: Simon and Schuster, 1977.

50. *Heroes of History.* New York: Simon and Schuster, 2001.

51. *The Greatest Minds and Ideas of All Time.* New York: Simon and Schuster, 2002.

52. *An Invitation to Philosophy.* Dallas: Promethean Press, 2003.

53. *The Power of History.* Dallas: Promethean Press, 2004.

Articles

1918   "The War Within the War," *The Dial,* LXV (June 20, 1918), 5-7.

1919   "The Biology of War," *The Dial,* LXVI (January 25, 1919), 84-85.

"Roads to Freedom," *The Dial,* LXVI (April 5, 1919), 354-356.

"The Future of American Socialism," *The Dial,* LXVI (May 17,1919), 494-496.

1920   "Why Freedom Disappears,"*The Nation,* CX (May 1, 1920), 587-589.

1926   "Is America's Age of Art Dawning?" *The New York Times Magazine,* August 29, 1926, pp. 1, 20.

"Is America to Have a Golden Age?" *World Review,* III (October 4, 1926), 33.

"Is Democracy a Failure?" *Harper's Magazine,* CLIII (October, 1926), 555-565.

"Is Progress a Delusion?" *Harper's Magazine,* CLIII (November, 1926), 742-7SI. Also included in *Essays of the Past and Present,* Warner Taylor, ed. New York: Harper & brothers, 1927. Also included in *Facts and Ideas for Students of English Composition,* John O. Beaty and others, eds. New York: F.S. Crofts & Co., 1930. Also included in *Readings in the Modern Essay,* Edward S. Noyes, ed. Boston: Houghton Mifflin, 1933. Also included in *Essays and Addresses Toward a Liberal Education,* A. Craig Baird, ed. New York: Ginn and Company, 1934. Also included in Of *Time and Truth: Ideas and Values for College Students,* Fred W. Lorch, W. Paul Jones and Keith Huntress, eds. New York: The Dryden Press, 1946.

"The Failure of Philosophy," *Harper's Magazine,* CLIV (December, 1926), 80-90.

"Is Philosophy Doomed?" *The Bookman,* LXIV (December, 1926), 392-396.

1927 "The Story of Civilization," Cosmos Syndicate, 1927-1928. (Note: This is a biographical story of civilization written in serial form for the Cosmos Syndicate and published in the Scripps-Howard and other newspapers in 1927-1928; the articles were intended for popular consumption and were not used in the book publication of *The Story of Civilization,* published by Simon and Schuster, 1935-1967.)

"The Modern Woman," *The Century Magazine,* CXIII (February, 1927), 418-429. Also included in *Modern Life and Thought,* Frederich H. Law, ed. New York: The Century Company, 1928.

"The Ten Greatest Thinkers," *The American Magazine,* CIII (March, 1927), 7-9, 103-104, 106, 108, 110. Also included in *Essays in Liberal Thought,* W.H. Thomas and Stewart S. Morgan, eds. New York: Harcourt, Brace, 1928.

"Youthful Suicides," *Cosmopolitan,* LXXXII (May, 1927), 50-51, 220.

"In Praise of Freedom," *Harper's Magazine,* CLV (June, 1927), 46-54.

"If You Ask Me, No Man is Happy Until He Stops Thinking of Himself," *The American Magazine,* CIV (July, 1927), 43. Also included in *Light From Many Lamps,* Lillian Eichler Watson, ed. New York: Simon and Schuster, 1951.

"Men and Women," *The American Magazine,* CIV (September, 1927), 13-15, 96, 98, 100.

"Is Man a Machine?" *The Century Magazine,* CXIV (October, 1927), 659-670. Also included in *Essays of Today* (1926-1927), Odell Shepard and Robert Hillver, eds. New York: The

Century Company, 1928.

"If I Were Mayor," *Plain Talk,* I (October, 19 27), 51-56.

"The Story of Happiness," *Redbook* XLIX (October, 1927), 50-53, 168-171.

"What is Love?" *Cosmopolitan,* LXXXIII (October, 1927), 28, 199-203.

"The Breakdown of Marriage," *Pictorial Review,* XXIX (November, 1927),4, 94, 97-98,112.

"What Really is the Meaning of Life?" *Cosmopolitan,* LXXXIII (November, 1927), 29,191-195.

1928 "Our Changing Morals," *Cosmopolitan,* LXXXIV (January, 1928), 92,159-161.

"Why Do You Thrill at Beauty?" *Cosmopolitan,* LXXXIV (March, 1928), 44, 144-146.

"Will Aristocracy Return?" *Plain Talk,* 11 (June, 1928), 641-652.

"If You Ask Me, There is a Spark of the Divine in Every Man," *The American Magazine,* CVI (July, 1928), 31.

"Is Socialism Dead?" *The Century Magazine,* CXVI (August, 1928), 385-397.

1929 "Has Democracy Broken Down? A Debate,"*The Forum,* LXXXI (January, 1929), 34-38.

"My Country," *The American Legion Monthly,* VI (January, 1929), 16-17, 62-65. Also included in *The American Legion Reader,* Victor Lasky, ed. New York: Hawthorn Books, 1953.

"History: A Symposium," *Plain Talk,* IV (March, 1929), 257-268.

"How a Great Scholar Brings Up His Child," *The American Magazine,* CVII (March, 1929), 72, 74, 76, 78, 80, 82, 84.

"History: A Symposium, Part II," *Plain Talk,* IV (April, 1929), 483-493.

"Our Changing Morals," *The Forum,* LXXXI (April, 1929), 226-231.

"The New Morality," *The Forum,* LXXXI (May, 1929), 309-312.

"I Want to be Happy," *Cosmopolitan,* LXXXVII (July, 1929), 80, 214-216.

"In Praise of Flaubert," *Plain Talk,* V (August, 1929), 191-202.

"Genius in Miniature: Socrates – The First Martyr of Philosophy," *The American Magazine,* CVIII (October, 1929), 94, 96, 98, 100, 102, 104, 106, 108.

"The Lust for Learning," *The Mentor,* XVII (October, 1929), 7.

"Genius in Miniature: Confucius – The Secret of China," *The American Magazine,* CVIII (November, 1929), 73-74, 76.

"Is Man a Machine? A Socratic Dialogue," *The Forum,* LXXXII (November 1929), 264-270.

"Trends in Modern Thought: A Survey of Contemporary Philosophy," *The Thinker,* I (November, 1929), 17-21.

"Woman Tomorrow," *The Mentor,* XVII (November,1929), 7.

"Can We Make Our Children Behave? A Socratic Dialogue," *The Forum,* LXXXII (December, 1929), 346-360.

"One Hundred Best Books," *The American Magazine,* CVIII (December, 1929), 26-28, 109, 112, 115-116,118.

"Spengler's Interpretation of History," *The Thinker,* I (December, 1929) 15-23.

"Te Deum," *The Mentor,* XVII (December, 1929) 7.

1930 "East is West," *The Mentor,* XVII (January, 1930), 7.

"The Growth and Decay of Culture," *The Thinker,* I (January, 1930), 21-30.

"In Defense of Outlines: Apologia Pro Libro Suo," *The Forum,* LXXXIII (January, 1930), 8-14. Also included in *A Pageant of Prose,* Frank H. McCloskey and Robert B. Dow, eds. New York: Harper & brothers, 1935.

"Modern Marriage," *The Mentor,* XVIII (February, 1930), 7.

"Spengler, on Degeneration," *The Thinker,* I (February, 1930), 24-34.

"You Got What You Asked For," *Redbook,* LIV (February, 1930), 54-55 129-130.

"Is Progress a Delusion?" *Golden Book,* XI (March, 1930), 59-63.

"The Twilight of Civilization," *The Thinker,* I (March, 1930), 17-25.

"Whiskey, Wine and Beer," *The Mentor,* XVIII (March, 1930), 7.

"A Critique of Spengler," *The Thinker,* I (April, 1930), 26-36.

"Progress," *The Mentor,* XVIII (April 1930), 7.

"Are We Immoral?" *The Mentor* XVIII (May, 1930), 7.

"Love, Marriage and Morals," *The Thinker,* II (May,1930),17-29.

"Is Democracy Dying?" *The Mentor and World Traveler,* XVIII (June, 1930), 74.

"The Meaning of Culture," *The Thinker,* II (June, 1930),17-30.

"In Praise of Ourselves," *The Mentor and World Traveler,* XVIII (July, 1930), 11.

"Portrait of an Egoist," *the Thinker,* II (July, 1930), 16-28.

"The Crux of Civilization," *The Mentor and World Traveler,* XVIII (August, 1930), 9.

"Philosophic Pilgrimage," *The Thinker,* II (September, 1930), 23-36.

"Six Worst Sellers," *The Mentor and World Traveler,* XVIII (September, 1930), 9.

"The 12 Greatest Dates," *The Forum,* LXXXIV (October, 1930), 226-232.

1931 "Keyserling Explores America," *The Thinker,* III (January, 1931), 16-29.

"An American Visits Palestine," *Redbook,* LVI (February, 1931), 84, 88, 90, 109-110.

"Europe On Parade," *The Thinker,* III (February, 1931), 66-80.

"How to Widen Your World," *The American Magazine,* CXI (March, 1931), 42-43, 160-163.

"Keyserling on Life and Death," *The Thinker,* III (March, 1931), 55-70.

"Mother of Mysteries," *Redbook,* LVI (April, 1931), 92, 94, 98-102. Also included as

"Seen in India," in *Essays in Modern Thought,* Thomas R. Cook, ed. New York: D.C. Health & Co., 1935.

"A Visit to China," *Redbook,* LVI (April, 1931), 66-69, 140-143.

"How We Made Utopia," *The Thinker,* IV (September, 1931), 18-28.

"America on Trial," *Redbook,* LVII (October, 1931), 20-21, 112-114.

"Ourselves – As We Are," *Redbook,* LVIII (November, 1931), 72-73, 82, 84, 86.

1932 "Some Criticisms of Our Schools," *The American Teacher,* XVI (April, 1932), 4. Excerpt from *Adventures in Genius.*

"What is the Meaning of Life?" *Literary Digest* CXIV (November 5, 1932), 20, 22. Summary, with excerpts, of *On the Meaning of Life.*

"The Tragedy of Russia: The Road to Moscow," *The Saturday Evening Post,* CCV (December 10, 1932), 3-5, 28, 30.

"The Crisis in Communism," *The Saturday Evening Post,* CCV (December 24,1932), 21, 29, 32-34.

1933 "The Soul of Russia Under Socialism," *The Saturday Evening Post,* CCV (January 21, 1933), 16-17, 45-48.

"The Dictatorship Over the Proletariat," *The Saturday Evening Post,* CCV (February 18, 1933), 27-28, 54, 56-58.

"Shall We Train Our Sons for Public Office?" *The American Magazine,* CXVI (September, 1933), 42-44, 138-139.

1934 "Is Our Civilization Dying?" *The Saturday Evening Post,* CCVI (May 5, 1934), 8-9, 77-78, 81-82.

"The American Choice," *The Saturday Evening Post,* CCVI (June 9,1934), 27,108-110,112.

"Is Democracy Doomed?" *The Saturday Evening Post,* CCVII (September 15, 1934), 23, 78, 80-82, 84.

1935 "Our Morals," *The Saturday Evening Post,* CCVII (January 26,1935), 27,61-62,64,66.

"The Threat to Civilization," *The Saturday Evening Post,* CCVHI (December 21 1935), 23, 29, 32.

"An Amateur's Philosophy," in *American Philosophy Today and Tomorrow,* edited by Horace M. Kallen and Sidney Hook. New York: Lee Furman, Inc., 1935.

1936 "What Education is of Most Worth?" *The Saturday Evening Post,* CCVIII (April 11, 1936), 14-15,44, 46-47.

"What Education is of Most Worth?" *The Reader's Digest,* XXIX (August, 1936), 105-108. Excerpts from "What Education is of Most worth?" *The Saturday Evening Post,* CCVIII (April 11, 1936), 14-15, 44, 46-47.

"The Crisis in American Civilization," in *Official Report of the American Association of School Administrators,* 1936. Washington D.C.: American Association of School Administrators, 1936.

"The Crisis in American Civilization," *The Southern Workman,* LXV (December, 1936), 380-383. Excerpts from "The Crisis in American Civilization," in *Official Report of the American Association of School Administrators 1936.*

1937 "Why Men Fight," *The Saturday Evening Post,* CCX (July 10, 1937), 23, 58, 60-61. Also included in *Essays Of Three Decades,* Arno L. Bader and Carleton F. Wells, eds. New York: Harper & brothers, 1939. Also included in *Essays for our Time,* Arno L. Bader and Carleton F. Wells, eds. New York: Harper & brothers, 1947.

1938 "A Piece of Old China," *The Rotarian,* LII (March, 1938), 13-15.

"No Hymns of Hatred," *The Saturday Evening Post,* CCX (June 4, 1938), 23, 48-49, 51-52.

1939 "Meditation on Marriage," *The Saturday Evening Post,* CCXI (May 13, 1939), 5-6, 72, 74, 76.

"The Crisis in Christianity," *The Saturday Evening Post,* CCXII (August 5, 1939), 5-6, 35-36.

"The Crisis in American Civilization," *Vital Speeches of the Day,* VI (December 15, 1939), 138-144. Also included in *The Reference Shelf,* XIV, No. 1 (1940), 208-229.

1941 "Ten Steps Up From The Jungle," *The Rotarian,* LVIII (January, 1941), 10-13, 56.

"Self-Discipline Or Slavery," *The Saturday Evening Post,* CCXIII (January 18, 1941), 27, 46, 48-49, 51.

"A Stoic America," *Vital Speeches of the Day,* VII (February 1, 1941), 238-240.

"On the Uses of Philosophy," in *What College Offers: Essays on the Subjects and Purposes of College Training,* edited by Frank H. McCloskey, John S. Terry and Jonathan F. Scott. New York: F.S. Crofts & Co., 1941.

1943 "Freedom of Worship," *The Saturday Evening Post,* CCXV (February 27,1943), 12-13.

1946 "What is Civilization?" *Ladies' Home Journal,* LXIII (January, 1946), 22-23,103-104,107.

1949 "History in a Capsule," *The Rotarian,* LXXIV (January, 1949),10.

1950 "What Makes Men Happy?" *The Rotarian,* LXXVII (November, 1950), 8-11.

1952 "Worried About the Young People?" *The Rotarian,* XXC (May, 1952), 8-10. Also included in *Bulletin of the National Association of Secondary School Principals,* XXXVI (October, 1952), 134-138.

1954 "Liberty is Over," in *This I Believe: Vol. 2,* edited by Edward R. Murrow. New York: Simon and Schuster, 1954.

1955 "The Ten Greatest Thinkers," *The Rotarian,* XXCVI (February, 1955), 38-39, 90-93.

1957 "What is Wisdom?" *Wisdom,* II, No. 8 (1957), 25-26.

1958 *Commencement Address at the Thirty-sixth Commencement Exercises of the Webb School of California,* June 7, 1958, on the Occasion of the Graduation of Dr. Durant's Grandson, James Easton Claremont, Calif., 1958.

"Kant and the Mind as Shaping Agent," in *Ideas in Content*, edited by Joseph H. Satin. Boston: Houghton, Mifflin, 1958. Excerpts from *The Story of Philosophy.*

1959 "Young Man – Your World," *The Reader's Digest,* LXXIV (June, 1959), 94-96. Excerpts from *Commencement Address* at the Webb School of California,

1968 "Man is Wiser Than Any Man," *Pace,* IV (July, 1968), 4.

"Man is Wiser Than Any Man," *The Reader's Digest,* XCIII (November, 1968), 85-87. Excerpts from "Man is Wiser Than Any Man," *Pace,* IV (July, 1968), 4.

"The Lessons of History," *The Reader's Digest,* XCIII (December, 1968), 257-263. Excerpts from *The Lessons of History.*

1969 "History and War," *TIP* (Theory into Practice), VILL (April, 1969), 56-57. Excerpts from *The Lessons of History.*

1970 "Challenge and Response: Commencement Address Delivered at Ripon College, May 16, 1970 by Ariel Durant," *Ripon College Magazine,* III (June, 1970), 5-6. Also included in *Congressional Record,* May 28,1970, pp. S7958-S7959.

Films

Will and Ariel Durant: Journey. Robert Cohn Productions, 1973.
A Visit With Will and Ariel Durant. Northern River Productions, 2003.

Audio Productions

Heroes of Civilization. Northern River Productions, 2003.

Simplified Chinese Translation Copyrights © 2014 by Will Durant
Beijing Alpha Books Co.,Inc.
Fallen Leaves: Last Words on Life, Love, War, and God
Original English Language Edition Copyright © 2014 by John Little, Monica Ariel
Mihell, and William James Durant Easton
All Rights Reserved.
Published by arrangement with the original publisher, Simon & Schuster, Inc.

版贸核渝字（2019）第160号

图书在版编目（CIP）数据

落叶：威尔·杜兰特的生命沉思 /（美）威尔·杜兰特著；刘勇军译. — 重庆：重庆出版社，2019.9
书名原文: Fallen Leaves: Last Words on Life, Love, War, and God
ISBN 978-7-229-14302-2

Ⅰ.①落… Ⅱ.①威…②刘…Ⅲ.①哲学—通俗读物 Ⅳ.①B-49

中国版本图书馆CIP数据核字(2019)第262534号

落叶：威尔·杜兰特的生命沉思

[美]威尔·杜兰特 著　刘勇军 译

策　　划：博采雅集 华章同人
责任编辑：李　斌　何彦彦
责任印制：杨　宁
营销编辑：黄聪慧
装帧设计：潘振宇 774038217@qq.com

重庆出版集团 出版
重庆出版社

（重庆市南岸区南滨路 162 号 1 幢）
三河市嘉科万达彩色印刷有限公司　印刷
重庆出版集团图书发行有限公司　发行
邮购电话：010-85869375
全国新华书店经销

开本：880mm×1230mm　1/32　印张：8.375　字数：150千
2020年8月第1版　2022年12月第3次印刷
定价：49.80元

如有印装质量问题，请致电023-61520678
版权所有，侵权必究